요새 노래가 노래냐!

큰 글씨 책

001

요새 노래가 노래냐!

**초판 1쇄 인쇄** 2019년 11월 4일
**초판 1쇄 발행** 2019년 11월 11일
_
**지은이** 이영미
**펴낸이** 이방원
**편  집** 김명희 · 안효희 · 윤원진 · 정조연 · 정우경 · 송원빈
**디자인** 손경화 · 박혜옥
**영  업** 최성수
**마케팅** 이미선
_
**펴낸곳** 세창미디어
　　　　출판신고 2013년 1월 4일 제312-2013-000002호
　　　　주소 03735 서울특별시 서대문구 경기대로 88 냉천빌딩 4층
　　　　전화 02-723-8660 | 팩스 02-720-4579
　　　　이메일 edit@sechangpub.co.kr | 홈페이지 http://www.sechangpub.co.kr
_
ISBN 978-89-5586-568-4 03910

이 도서의 국립중앙도서관 출판시도서목록(CIP)은 서지정보유통지원시스템 홈페이지(http://seoji.nl.go.kr)와
국가자료공동목록시스템(http://www.nl.go.kr/kolisnet)에서 이용하실 수 있습니다. (CIP제어번호: CIP2019042689)

세창역사산책 001

# 왜 노래가 노래냐!

이영미 지음

세창미디어
MEDIA

목차

※일러두기
이 책에 나오는 본격예술, 본격음악이라는 용어는 다소 낯설 수 있다. 이것은 대중예술, 대중음악의 대척점에 놓이는 개념이다. 음악계에서는 순수예술, 순수음악이라는 표현을, 신문방송학에서는 고급문화, 지식인문화 등의 표현을 더 즐겨 쓴다. 그러나 '순수'라는 접두어는 문학 분야에서 '비상업적'이라는 의미가 아닌 ('순수-참여논쟁'에서처럼) 사회비판적 내용의 기피라는 의미로 쓰이는 경우가 일반적이어서 다소 혼동의 우려가 있다. 또한 '고급'이라는 접두어는 그 반대편을 '저급'으로 낙인찍는 효과를 나타내 반감이 크다. 최근 문학계에서는 '본격문학'이라는 용어가 정착했는데, 이 책에서도 '본격예술', '본격음악' 등의 표현으로 통일하고자 한다.

　제가 『한국대중가요사』를 낸 것이 1998년이니 내년이면 벌써 20년입니다. 방금 첫 문장을 쓰면서 '10년'이라고 썼다가 지우고 '20년'으로 교정했습니다. 이렇게 긴 시간이 지났다는 것이 실감 나지 않습니다. 저보다 앞서서 한국대중가요사에 대해 책을 쓰셨던 분들은 대개 대중가요계라는 '업계'와 관련이 있었던 분들입니다. 창작자였거나 방송사 피디 혹은 방송작가였거나 연예 담당 기자였던 분들이었죠. 1984년 대학원 석사과정 시절에 낸 『일제시대의 대중가요』라는 글이 제 대중가요사 연구의 출발이었습니다. 거기에서 출발하여 20세기 전체를 거칠게나마 훑는 데까지도 14년이 걸린 셈이군요.

　거칠게 통사를 쓰고 난 후, 한편으로는 방송극, 대중소설, 극영화 등 다른 장르의 대중예술로 관심을 확대하면서, 대중가요에서는 하나의 테마 혹은 화두를 잡아 시대적 맥을 잡아 쓰는 책을 펴냈습니다. 대중가요로 본 서울의 역사는

『광화문 연가』(2017년에 『다시 광화문에서』로 수정증보판을 냈습니다), 대중가요로 본 세대 이야기는 『세시봉 서태지와 트로트를 부르다』로, 대중가요 속에 나타난 여성 이미지의 역사는 『한국대중가요 속의 여성』이란 책으로 정리했습니다.

이번에 내는 이 책의 테마는 '세대 갈등'입니다. 그런 점에서 2011년에 낸 『세시봉 서태지와 트로트를 부르다』와 같은 테마를 다루고 있는 셈입니다. 이 주제를 한 번 더 이야기하려는 것은 그만큼 이 이야기가 대중가요·대중예술을 이해하는 핵심적 주제이기 때문입니다. 대중가요사에서 세대 갈등이 격화되는 현상은 결코 부정적인 것이 아니라는 점을 『세시봉 서태지와 트로트를 부르다』에서 충분히 이야기했음에도, 많은 분이 당시 대중가요 작품과 가수, 창작자 이야기를 더 관심 있게 읽는 경향이 있었습니다. 그래서 한 번 더 이야기해야겠다고 생각했습니다. 세대 간의 갈등이 격화되는 시기만이 아니라 완화되는 시기의 이야기까지를 통틀어, 좀 더 선명하게 이 이야기를 해봐야겠다고 생각한 것이죠.

그래서 이번엔 작품과 창작자·가수 등에 대한 이야기는 초점에 두지 않았습니다. 이 책은 세대 간의 갈등을 보여 주는 신문 기사 등의 '담론'을 중심에 두고 있습니다. 대중가요 작품 자체가 아니라, 이를 둘러싼 세대 간의 말싸움이 이 책의 초점입니다. 시대마다 대중가요와 새로운 대중문화적 현상을 둘러싸고 어떤 여론이 만들어지게 됐고, 그것이 무엇을 의미하는지에 대해 살펴보려고 한 것이지요. 몇 년 전에 「한국대중가요사의 동력과 세대 간 양식·취향 갈등」이라는 논문을 써서 발표했고, 이 책은 이 논문을 바탕으로 좀 더 상세하게 이야기를 전개한 것입니다.

그래서 책 제목도 도발적으로 붙였습니다. 독자 여러분이, 이 책을 읽고 나서는 "요즘 애들이 좋아하는 노래, 그것도 노래냐?"라는 말을 입 밖으로 뱉으려다가 꿀꺽 삼키시게 된다면, 제가 힘들여 책을 쓴 보람이 있는 겁니다. 부디 그런 변화가 있기를 간절히 바랍니다.

이 책을 쓰고 출간하는 내내 남편이 매우 아팠고 결국 저 세상으로 건너갔습니다. 힘든 시기를 함께한 책이 됐군요. 힘든 필자를 잘 봐주시고 책을 만들어 주신 출판사 분들께 고맙다는 말씀 올립니다.

2017. 6

이영미

# 1장
# 세대 공감에
# 감격만 할 것인가

**중년의 부모와 청소년 자녀가 함께 즐기는 노래**

흔히 방송에서 여러 세대가 공감하는 프로그램이 생기면, 언론은 칭찬하기에 바쁩니다. 청소년과 어른들이 함께 즐길 수 있는 프로그램, 세대 간의 벽을 허무는 프로그램이라고 말이죠. 이런 프로그램은 늘 있었습니다. 1990년대 이후로만 살펴보아도 KBS의 《열린 음악회》 같은 프로그램이 대표적이었지요. 그런데 요즘은 좀 과하다 싶습니다. 2011년 《나는 가수다》가 쟁쟁한 가수들을 서바이벌프로그램의 틀에 밀어 넣었고, 이들은 꽤 오래전에 인기가 사라져 버린 '옛날 노래'를 선택해 자기만의 해석을 덧붙여 자신의 가창력을 증명받고자 했습니다. 예컨대 주현미의 「짝사랑」 같은 트로트 작품을 정엽이 전혀 예상할 수 없었던 방식으로 리메이크한 것이 대표적이었죠. 이후 가창력을 겨루는《불후의 명곡》에서부터《복면가왕》에 이르기까지 수많은 프로그램이 옛날 가요를 가져다 리메이크하는 것으로 시청자에게 즐거움을 줍니다.

노래가 흘러나오는 동안 카메라는 객석의 관객 표정을 살핍니다. 중년임이 분명한 관객이, 20대 아이돌그룹 소속 가수가 자신의 색깔로 바꾸어 놓은 옛 가요를 입으로 따라 부르는 모습을 카메라는 놓치지 않지요. 그 20대 가수가 자신의 오리지널 곡을 불렀다면, 무표정하게 앉아 있을 것이 뻔한 나이의 아주머니와 아저씨들이 거의 홀린 듯한 표정으로 젊은 가수의 노래에 빠져 있습니다. '세대 간의 벽을 허문다'는 말이 명확하고 감동적으로 화면으로 와 닿습니다.

세대 간의 벽을 허무는 것, 그거 나쁘지 않습니다. '요즘 애들 노래, 그것도 노래냐?'라고 생각하던 부모와, '우리 엄마, 아빠가 좋아하는 노래는 모두 후지고 구린 노래'라고 치부해 버리던 청소년 자녀가 그 노래 하나만이라도 서로 공감할 수 있다면 그 얼마나 좋은 일이겠습니까?

그런데 말입니다, 대중가요를 비롯한 한국대중예술의 역사를 연구해 온 사람들은 이런 현상에 그저 좋다고 박수만

치기가 힘듭니다. 왜냐고요? 리메이크가 기승을 부리는 현상은 뒤집어 보면 뭔가 아주 획기적이고 새로운 경향이 나오지 않는다는 의미이기 때문입니다. 리메이크는, 아무리 획기적이고 새롭게 재해석했다 하더라도 고작 가창과 연주, 편곡을 바꾼 것입니다. 즉 이 정도 변화로는 대중가요사의 큰 흐름이 성큼성큼 나아간다고는 할 수 없다는 거지요. 2000년대 이후 큰 틀의 변화가 없자 이에 지겨워진 사람들은 획기적으로 새로운 경향을 바라고 있었고, 이럴 때 '가창력'을 내세운 프로그램들이 신선하게 다가온 것이 사실입니다. 하지만 이 정도 변화로 그것을 새로운 시대의 시작이라고 보기는 힘듭니다. 대중가요사의 큰 흐름이 바뀌는 것은 작사와 작곡, 그리고 이를 둘러싼 사람과 시스템 등 굵은 흐름이 바뀌는 것이기 때문입니다.


## 창의성이 넘치는 시대는 세대 갈등의 시대

주목해야 할 지점이 또 한 가지 있습니다. 획기적으로 새로운 경향이 등장하는 시대란 늘 '세대 간의 취향 갈등'이 아주 격해지는 시대라는 겁니다. 다시 말해, 어른들이 '요즘 애들 노래, 그것도 노래냐?'고 귀를 닫아 버리는 정도를 넘어서서, '요즘 애들 노래를 보니 세상이 말세다', '저런 걸 노래라고 좋아하니 미친놈들 아냐?'라고 격하게 반발하는 정도는 돼야 한다는 겁니다.

사람들은 늘 자신이 청소년기에 좋아했던 노래들을 계속 좋아합니다. 그때 형성된 취향이 평생을 좌우하지요. 그래서 청소년기에 어떤 가수를 좋아했는가를 말하면, 그 사람의 나이를 거의 짐작할 수 있을 정도입니다. 보통은 30대에 들어서면 새로운 취향을 받아들이는 데에 조금 둔감해지고, 나이를 먹을수록 점점 심해집니다. 40대에 들어서서는 요즘 인기를 누리는 가수의 이름이 누구인지 잘 모르게 되고, 청소년들이 좋아하는 신곡은 열 번을 들어도 따라할 수조차 없게 됩니다. 저는 1961년생으로 서태지와아이들 시대에 30대 초반이었습니다. 그래도 노래에 대한 감각이 좀 있어서 같은 노래를 다섯 번쯤 들으면 노래방에서 엔간히 따라 부를 수 있다고 자부했습니다. 하지만 서태지와아이들의 「발해를 꿈꾸며」를 다섯 번쯤 듣고 노래방에서 따라 부르려니 안 되더라고요. 선율 부분은 좀 되는데, 랩은 정말 따라할 수가 없었습니다. "아, 내가 늙었구나!" 하는 생각에, 정말 충격을 받았습니다.

어느 시대나 세대 간의 노래 취향 갈등은 있게 마련입니다. 어느 시대든 아이들은 태어나고 새로운 청소년들이 생겨납니다. 젊은이들은 어른들에게 늘 '싸가지 없이' 보이고, 젊은 애들 노래는 어른들에게 불편합니다. 이미 자신들의 시대가 아니라는 것을 그 노래들이 자꾸 상기시켜 주니까요. 이 정도까지는 늘 있는 현상입니다.

이 정도는 불편함이 아니라, 정말 '저런 노래는 없애 버려야 해'라고 생각하는 어른들이 많아져 여론을 형성할 정도로 격한 반발이 있던 시대가 있었습니다. 하지만 늘 그렇지는 않습니다. 대중가요사의 굵은 줄기가 변화하는 시대에만 이런 현상이 나타납니다.

지금 우리가 기억하는 시대로는 1990년대가 그랬습니다. '신세대', '신세대 문화'란 말이 나왔다는 것은 그 반대편에 있는 '구세대'와의 갈등이 상당했음을 의미합니다. 1970년대 초도 마찬가지였습니다. 이때에는 '청년문화'가 화두였습니다. 이 역시 '기성세대 문화'와의 갈등이 상당했음을 의미합니다.

1990년대 초에 '됐어 됐어 됐어 됐어 이제 그런 가르침은 됐어'라고 지껄여대는 중학생 자녀들을 보면서 부모들이 얼마나 속을 썩였는지 말도 못합니다. 1970년대 초도 마찬가지였습니다. 오죽하면 거리에서 경찰이 가위를 들고 설쳤겠습니까?

폭압적인 정권이 무식한 짓을 한 거라고요? 맞습니다! 하지만 그때 장발과 미니스커트 단속에 대해, 당시의 어른들도 과연 그렇게 생각했을까요? 천만에요. 아마 당시 40대 이상의 어른들은, '아주 잘하는 일이다. 이제야 세상이 바로잡히겠다'고 생각하던 분들이 많았을 겁니다.

그런데 바로 이렇게, 세대 간의 취향 갈등이 아주 격해진 시대야말로 대중가요사는 획기적인 발전을 이룩하는 시대라는 겁니다. 이런 시대에 어른들의 욕을 먹으며 형성해 놓았던 새로운 창의력의 힘으로 향후 20년 동안 한국의 가요계가 먹고사는 겁니다. 뒤집어 보자면, 어른들도 적당히 이해하고 용인할 수 있을 정도의 노래만 나오는 시대란, 새롭게 비약적인 발전이 이룩되는 시대는 아니라는 의미이기도 합니다.

## 세대 갈등은 격화와 완화를 반복한다

이제 이 책에서 이야기할 내용이 짐작되시나요? 이 책은 우리나라 대중가요사의 흐름을 당대에 주도했던 양식의 변화로 굵직굵직하게 훑어보면서, 세대 간의 양식·취향·갈등의 양상을 살펴보는 책입니다.

1920년대 후반부터 시작된, 한국인(조선인) 작사·작곡의 대중매체를 통해 시장에서 유통된 대중가요의 흐름은 여러 시기로 구분할 수 있습니다. 그중에는 기존의 음악과는 이질적인 새로운 양식으로 솟아오르며 젊은 세대와 중장년 세대들의 취향 갈등을 수반하는 시기가 있는가 하면, 비교적 여러 세대가 함께 공감하며 음악 기량의 발전과 안정감이 상승하는 시기가 있었습니다. 앞에서 이야기했던 1970년대 초와 1990년대 초중반이 세대 간 갈등이 격해진 시대였다면, 이에 비해 1980년대 조용필의 시대는 비교적 세대 간의 취향이 그다지 격한 갈등으로 나타나지 않고 서로 손잡고 이해하는 절충과 화합의 시대였습니다.

후자가 여러 세대를 아우르는 넓은 공감과 기량 발전이 돋보였다면, 전자는 처음 시도하는 파격적인 음악 관습이 급격히 상승함으로써 새로움과 참신함에서 비롯한 불안정함을 지니는 시기였지요. 대중가요 양식의 혁명적인 변화, 그래서 그전 시대와 단층적인 변화를 보이는 것은 전자의 시기에 이루어집니다. 그리고 이 성과를 바탕으로 양적인 확산이 이루어지고 연주·가창이 매끈하게 다듬어지면서 기량적인 안정을 보여 주는 시기, 진짜 프로페셔널한 '쟁이'

들이 만드는 노래들이 주도하는 시기, 그래서 무리하게 획기적인 짓을 하지 않아 '혁명적'이라기보다는 부드럽고 무리 없는 발전이 이루어지는 시기가 후자의 시기입니다. 한국대중가요사 전체에서 이러한 흐름을 읽어 낸다면, 그 인식은 현재의 대중가요 현상의 사적 위상을 판단하는 데에 도움을 줄 것으로 생각합니다.

저는 2011년에 『세시봉 서태지와 트로트를 부르다』라는 책을 통해, 이런 이야기를 주로 작품을 중심으로 이야기한 바 있습니다. 이 책은 거기에서 다 못한 이야기들을 담으려 합니다. 세대 간 취향이 화합하는 시대인 1960, 1980년대도 다루려고 하는 거고요. 그리고 작품 중심이 아닌 '담론'을 중심으로 서술하려 합니다.

아무래도 이렇게 전 시대를 통틀어 쓰다 보면 최근 대중가요계 이야기는 간략하게 넘어갈 수밖에 없습니다. 왜냐하면, 객관성을 유지할 '역사적 거리'가 확보되지 않아 정확하게 읽어 내기가 힘들기 때문입니다. 이미 다 지나간 시대인 1930년대부터 1990년대까지는 자신 있게 이야기할 수 있겠습니다만, 2000년대 이후의 시대는 지금도 계속되고 있는 시대라 무어라 정확하게 단정하기가 쉽지 않은 거지요. 이 책에서도 그럴 겁니다.

하지만 이렇게 과거의 역사를 이해하면, 지금의 세대 간 취향의 갈등과 화합 양상을 어떤 시각으로 바라보아야 하는지에 대해서는 도움을 드릴 수 있을 겁니다. 적어도 '내가 옛날에 좋아했던 노래들은 참으로 훌륭했는데, 왜 내 아이들이 좋아하는 노래는 저렇게 이상할까?', '저런 노래들이 아이들을 망치고 있는 것 같은데, 어쩌면 좋지?' 같은 불필요한 고민은 안 하시게 될 겁니다. 그리고 어른 세대가 도대체 이해할 수 없고 '세상이 망조가 들었다'고 느낄 정도로 이상한 노래가 나오는 것에 대해, 조금은 편안하고 기쁜 마음으로 받아들여 주실 수 있을 겁니다. 요즘 애들의 상스럽고 이상한 노래들이 향후 한국가요계를 20년 동안 먹여 살릴 보물창고일 수도 있는 거니까요.

## 2장
# 1930년대의 어른들도
# 새로운 유행가에 경악했다

**단톡방의 프사는 어떤 게 걸려 있나요?**

혹시 지금, 중고생 자녀들이 좋아하는 노래가 마음에 안 들어 언짢은 분이 계신가요? 아마 연세가 40대 중반쯤이시겠지요? 이분들이 어떤 분들인지 제가 한번 알아맞혀 볼까요?

《응답하라 1994》,《응답하라 1988》 같은 드라마가 정말 재미있었지요? 카카오톡 단체채팅방(줄여서 '단톡방'이라고 하죠)에 친구들의 프로필 사진('프사'라고 줄여 말하기도 해요)으로 대개 등산복 차림이 많죠? 주절주절 대여섯 줄씩 긴 글이 난무하는 단톡방에서 놀고 계실 것으로 짐작되네요. 누구나 이런 게 아니냐고요? 젊은이들의 단톡방을 보면 좀 다르죠.

포샵질 한 셀카 사진이나 심지어 움짤을 프사로 걸어 놓고, 대화도 "ㅋㅋㅋㅋ", "뭐래?", "핵노잼" 같은 한 줄도 못 되는 말들로 도배되는 경우가 많으니까요. (무슨 말인지 잘 이해가 안 되시는 단어가 많으면 인터넷에서 검색해 보세요.)

40대분들이 '요즘 애들 노래'가 마음에 안 든다 싶으시면, 《응답하라 1994》의 바로 그 1994년을 한번 생각해 보세요. 중딩들이 힙합바지를 골반에 걸쳐 입고 온 길거리를 청소하고 다니던 무렵 말예요. 그때 어른들은 이런 애들이 좋아하는 룰라나 DJ.DOC의 노래가 마음에 드셨을까요? 더 과거로 가서 20여 년 전인 1970년대에도 기타 들고 놀러 다니는 청소년들을 곱지 않은 눈으로 흘겨보던 어른들은 참 많았답니다. 여기까지는 꽤 익숙한 이야기라 생각하실 겁니다. 흔히 대중가요사에서 세대 간의 취향이 격한 시기로 1970년대와 1990년대를 꼽으니까요.

그러면 1930년대쯤은 어땠을까요? 이 시대는 이난영의 「목포의 눈물」이나 남인수의 「애수의 소야곡」, 김정구의 「눈물 젖은 두만강」 같은 노래가 아주 큰 인기를 끌고 있었답니다. 지금은 '트로트'라는 이름으로 불리는, 이른바 '흘러간 옛 노래'이지요. KBS TV의 《가요무대》 같은 프로그램에서는 아직도 이들 노래가 중심을 이루고 있습니다.

그런데 이런「목포의 눈물」이나「눈물 젖은 두만강」같은 노래는 어느 세대가 좋아했던 노래일까요? 10대 청소년, 아니면 30-40대 중장년? 꽤나 헷갈리시죠? '운다고 옛사랑이 오리오마는', '두만강 푸른 물에 노 젓는 뱃사공' 같은 가사를 아무래도 10대들이 좋아했을 리는 없고, 30-40대 이상의 어른들이 좋아했을 것이란 생각이 들 거예요. 그러면서도 의구심이 들겠죠. 원래 답이 뻔해 보이는 문제에는 함정이 있는 법이니까요.

　맞습니다. 정답은 상식을 뒤집는 답입니다. 1930년대에 이런 트로트 노래를 좋아하는 세대는 10대들이었습니다. 좀 놀랍지요? 질문을 하나 더 해보겠습니다. 이런 트로트를 10대들이 좋아했다면, 과연 그 시대의 30-40대들은「목포의 눈물」이나「애수의 소야곡」같은 트로트를 싫어했을까요? 마치 지금의 어른들이 "요즘 애들 노래도 노래냐?"라고 했던 것처럼 그렇게 반응했을까요? 즉 1930년대에도 대중가요에서 세대의 취향 갈등이 격했었던가? 하는 질문입니다.

　정답은 앞과 같습니다. 역시 이 시대에도 취향 갈등이 격했으며, 30-40대 어른들은 10대들이 좋아하는 트로트 곡을 못마땅하게 여겼습니다. 세대 갈등을 주로 1970년대 청년문화나 1990년대 신세대문화 중심으로 이야기를 해 왔던 것에 비해 좀 새로운 이야기입니다. 2장에서 이야기할 내용은 바로 이것입니다.

## 한국인이 작사·작곡한 대중가요는 언제부터

이 책의 이야기는 이렇게 1930년대부터 시작합니다. 이때는 1920년대에 시작된 한국대중가요사가 막 활력을 얻기 시작한 시기입니다. 이 첫 시기부터 세대 간 취향 갈등이 시작된다는 것이지요. 아니, 어쩌면 세대 간 취향 갈등이 격화되는 '뜨거운 시기'였기 때문에 한국대중가요사는 이때부터 비로소 활력을 띠고 급성장할 수 있었을 겁니다.

우리나라 대중가요사에서 우리나라 사람의 손에 의해 작곡까지 이루어진 작품이라고 '확실히 확인'되는 작품은 1927년 「낙화유수」(김서정 작사·작곡)입니다.[1] '확실히 확인'이란 말을 강조한 것은 우리나라 사람이 작사·작곡했을 가능성이 높은 작품이 더 있기 때문입니다. 바로 1926년에 발표된 「아리랑」입니다. 지금도 우리가 '민족의 노래'라고 일컫는 가장 대표적인 노래가 바로 그 곡입니다.(전국에 수많은 아리랑이 있으므로, 다른 아리랑과 이 곡을 구별하기 위해 「서울 본

24

조(本調) 아리랑」이라고 하기도 합니다. 이 책에서는 별다른 설명 없이 「아리랑」이라고 쓰면 「서울 본조 아리랑」을 의미하는 것이라고 이해해 주세요.)

「아리랑」을 오래전부터 전래하여 온 민요라고 알고 계시는 분들이 많습니다. 그러나 이 노래는 1926년 나운규 감독의 영화 「아리랑」의 주제가로 처음 발표된 엄연한 대중가요입니다. 물론 그 이전에도 꽤 많은 아리랑이 있었습니다. 강원도의 「정선 아라리」도 있었고, 서울에도 있었죠.

이전부터 서울지역에서 많이 불렸던 아리랑을 「아리랑」과 헷갈리지 않기 위해 「서울 구조(舊調) 아리랑」이라는 제목으로 불러 구별합니다. 전문가들은 영화 《아리랑》을 만들면서, 「서울 구조 아리랑」을 바탕으로 해서 새로운 「아리

*1 필자는 우리나라에서 대중가요가, 근대의 대중매체(혹은 이에 준하는 상업적 공연)에 의해 전달되는 서민적인 노래라는 요건뿐 아니라 '나름의 작품적 관행'을 지닌 노래, 즉 외래적 음악언어의 영향을 적극적으로 받은 노래를 일컫는다는 점을 밝힌 바 있다.(이영미, 한국대중가요사, 민속원, 2006, 24-25쪽; 이영미, 일제강점기시대 대중가요 연구의 쟁점과 그 의미, 김시업 외, 근대의 노래와 아리랑, 소명출판, 2009, 135-161쪽.) 이렇게 보자면 (전통가요가 상업적 공연이나 음반으로 재발표되는 것을 제외하고) 이 요건에 맞는 노래 중 조선인(한국인)이 작곡한 노래로 첫 시기에 놓이는 작품이 1927년 김서정 작사 작곡의 「낙화유수」이다. 이 곡은 동명의 영화 주제가로 발표되었고 음반 취입은 1929년에 이루어졌는데, 음반화되기 이전에도 이미 영화 상영 때마다 주제가로 반복하여 공연되었음을 생각하면 대중가요로서의 발표는 1927년으로 보는 것이 합당하다 판단된다.

랑」을 만들었을 것이라고 짐작합니다. 두 곡은 가사나 곡의 구조에서 비슷한 측면이 없지 않습니다만, 결코 같은 노래라고는 할 수 없습니다. 말하자면 「아리랑」은 1926년에 만들어져 상업적 대중문화로 유포되고 인기를 얻은 노래임이 분명합니다.

이렇게 유명해진 노래가 대중매체의 힘에 의존하지 않고 그저 대중들의 입에서 입으로 전파되어 급기야 '민요화'되어 버렸던 것이지요. 그런데 이 「아리랑」은 이후에 나온 음반에도 작사·작곡자가 명기되어 있지 않습니다. 가사는 나운규가 만들었을 가능성이 크겠지만, 곡은 누가 만들었을지 잘 모릅니다. 이 영화가 최초로 상영된 극장 단성사의 악사 중 누군가가 만들었을 가능성이 크지요. (당시 영화는 무성영화였고, 영화 상영 때마다 악단과 가수가 직접 음악을 연주하는 방식이었습니다.) 그런데 그 사람이 꼭 한국인이 아닐 수도 있습니다. 당시 일제강점기 조선에는 수많은 일본인이 들어와 살아가고 있었고, 영화계처럼 최첨단 문화가 생산되는 곳에는 더욱 그들과의 교류가 강했으니까요.

설명이 길어졌습니다만, 하여튼 1926-27년 이전 대중가요는 한국인이 작곡까지는 하지 않은 노래들이었습니다. 외국 노래를 가져다가 우리말 가사를 새로 창작하여 붙인 곡들이었지요. '이 풍진 세상을 만났으니'로 시작하는 「희망가」(1923), 소프라노 윤심덕과 극작가 김우진의 동반자살 사건으로 유명한 「사의 찬미」(1926)도 모두 외국곡입니다. 그러니 우리나라 사람이 작사는 물론 작곡까지 한(혹은 그럴 가능성이 큰) 「아리랑」과 「낙화유수」가 한국대중가요사에서 매우 중요한 노래가 되는 셈입니다.

그런데 이런 노래들이 트로트는 아니었습니다. 「아리랑」은 전통음악의 선율을 서양식으로 재가공한 것이고, 「낙화유수」는 장조 5음계를 구사한 노래로 당시 동요로 발표된 「반달」, 「오빠 생각」 같은 노래와 음악적으로 그리 큰 차이를 보이지 않았습니다.

## 어른들, 새로운 유행가에 경악하다

트로트 양식이라 볼 수 있는 대중가요는 1928년 영화주제가 「세 동무」(김서정 작사·작곡)에서 싹이 보이기 시작했고, 1930년대 전반의 「황성의 적」(「황성 옛터」로 더 많이 알려짐. 왕평 작사, 전수린 작곡, 이애리수 노래, 1932), 「타향」(「타향살이」로 더 많이 알려짐. 김능인 작사, 손목인 작곡, 고복수 노래 1934) 등을 거치며 1935년 이난영이 부른 「목포의 눈물」(문일석 작사, 손목인 작곡)에 이르러 완성된 모습을 보여 줍니다. '라-시-도-미-파'의 독특한 단조 5음계의 단조 트로트 노래는 이 시기에 확실히 정착되고 대중성을 얻게 되지요. 당시 열아홉 살이던 이난영은 「목포의 눈물」로 최고의 가수가 됩니다. 가왕(歌王)이라 불릴 정도였고, 이후의 여가수들은 '제2의 이난영'을 꿈꾸며 가요계로 들어오게 되지요.

그런데 이런 노래들이 당시에는 '트로트'라는 서양식 명칭으로 불리지는 않았습니다. 그냥 '유행가', '유행소곡'이라는 이름으로 불렸지요. 당시 레코드에는 노래 제목 앞에 '유행가', '신민요', '만요' 이런 식으로 곡의 종류를 구분해 놓았는데요(이것은 레코드사의 판단일 뿐이어서, 지금 전문가들의 분류와 어긋나는 지점이 꽤 많습니다), 지금 주로 '트로트'라 부르는 노래들이 태반입니다. 유행가란 말은 대중적으로 유행하는 노래란 의미이니 그냥 대중가요란 말과 다를 바 없습니다. 그런데 트로트 양식을 그냥 유행가라고 불렀으니, 한국대중가요사의 첫 시기에는 트로트가 대중가요를 대표하고 있었다고 짐작할 수 있습니다.

그런데 '유행가'라 불린 이 트로트 양식의 노래들은 일본에서 들어온 새로운 종류의 노래였습니다. 그에 비해 우리나라 전래의 토속적 음악을 적극적으로 이어받은 노래들은

'신민요', 서양식 음악을 적극적으로 쓴 노래들은 '재즈송' 이라 불러 그 종류를 구분했습니다. 자, 그런데 이들 '유행 가', 즉 트로트가 당시 언론에는 어떻게 비추어졌는지 한번 볼까요?[*2]

그런데 오늘날 우리 가정, 우리 사회에 급속도로 퍼져 나가고 있는 소위 유행가류를 볼 때 우리는 전율을 금할 수 없다. 그렇게 속악하고 그렇게 야비하며 그렇게 유치한 유행을 좋아하는 우리 청년들은 장차 어떻게 되고 말 것인가?

— (미상), 「정서생활의 향상―특히 시인, 작곡가에게 고함」 중에서, 『동아일보』, 1934.8.17.

'급속도로 퍼져 나가고 있는 소위 유행가류'라는 표현에 주목해 봅시다. '유행가'라는 말이 언론에 등장하기 시작하는 것은 1930년대부터입니다. 『동아일보』를 살펴볼 때, 급격히 그 수가 늘어나는 것은 1933년이고요. 그러니 이 글에서 '유행가'라 지칭한 노래가 모두 트로트는 아닐지 몰라도 상당수가 트로트에 속하는 것임을 짐작하기는 그리 어렵지

---

[*2] 인용문은 읽기 편하게 하기 위해 한자를 한글로 바꾸고 현행 띄어쓰기와 맞춤법에 따라 수정한 것이다. 한글만으로 이해가 힘들 것으로 보이는 말은 괄호 안에 한자를 넣었다. 외래어에 관습적으로 붙였던 따옴표와 장음(長音)을 표시하는 '-'도 제거했다. 이하 인용문 모두 같은 원칙으로 정리하였다.

않습니다. 신민요 양식의 대중가요는 '유행가'가 아닌 '신민요'라 부르는 것이 일반적이었고, 트로트 양식이 아닌 「낙화유수」 등도 거론하고 있긴 하지만 트로트 양식이 대세를 이루며 많아지기 시작했으니까요. 이런 유행가의 태반이 트로트를 지칭하는 것임은 다음의 기사에서도 짐작해 볼 수 있습니다.

지금 조선의 유행가를 살피어 볼 것 같으면 거의 전부가 눈물, 한숨, 방랑, 사랑 등을 중심으로 한 것입니다. (중략) 골목을 지나다가 축음기 소리를 흔히 듣습니다. 그 가사는 대개가 아주 무의미하고 난잡한 것입니다. 또 한 번 하라는 아이들의 소리가 납니다. 그때에 가정에서 어른들이 취할 길은 무엇이겠습니까.

— (미상), 「유행가와 가정—자녀교육에 유의하시요」, 『동아일보』 1934.4.25.

'눈물, 한숨, 방랑, 사랑 등을 중심으로 한' 가사의 노래이고 축음기를 통해서 나온답니다. 눈물, 한숨 등의 내용은 트로트의 주요한 정서입니다. 신민요는 주로 자연과 시골 풍경을 그려 슬픈 정서를 담은 노래가 상대적으로 적었습니다. 그러니 기사에서 개탄하는 노래의 태반은 트로트입니다. 글 하나를 더 보겠습니다.

유행가는 음악으로서 예술적(아니 예술이라는 이름은 불러 볼 수도 없다) 가치는 추호도 없다마는 항상 우리 대중에게는 위안을 주는 인기자이다. 그러나 현하(現下) 조선의 유행가와 같이 퇴영적인 유행가는 또 다시 없을 것이다. 가 '자(字)'도 모르는 사오 세 된 아이들이 차마 듣지 못할 속악한 유행가를 가두에서 악심(惡心)이 부르는 것을 들을 때 유행가 작곡자, 작사가에게 대한 증오의 마음을 금치 못하는 동시에 적적한 생각이 새삼스러이 느껴진다. 저열하고 음외(淫猥)한 유행가는 일후 일체 제작하지 말아 자취를 감추어 주기 바란다. 우리 삶이 아무리 곤란한 중에 있더라도 좀 더 진보된 유행가를 바라며 우리 조선의 정취가 담뿍한 노래를 세상에 보내 주기 바란다.

—박정근, 「유행가 작곡작사자에게」, 『동아일보』 1937.7.31.

실제 신문을 보면 글쓴이의 이름 앞에 '어동래(於東萊)'라고 적혀 있습니다. 아마 부산 동래에 사는 박정근이라는 독자가 투고한 글인 듯싶습니다. 유행가에 대해 대중에게 인기는 있으나 '차마 듣지 못할 속악한' 노래이며 '저열하고 음외'하다고 비난하고 있습니다.

이 기사에서는 주목할 만한 대목이 하나 더 있는데 바로 '우리 조선의 정취가 담뿍한 노래를 세상에 보내 주기 바란다'는 대목입니다. 즉 당시의 유행가들은 별로 '조선의 정취'가 느껴지지 않는 노래라는 의미로 읽어 낼 수 있습니다. 앞선 몇 개의 기사와 함께 생각해 보면, '조선적'이라 할 수 있는 신민요와는 매우 다른 이질적인 노래, 탄식과 눈물과 사랑이 난무하는 노래가 당시의 '요즘 아이들' 사이에서 인기를 끌고 있었다고 정리할 수 있겠지요. 조선적인 것과 다른, 탄식과 눈물이 난무하는 노래란 곧 트로트를 가리키고 있음도 바로 알 수 있지요. 그래서 이런 유행가를 요즘 애들이 부르고 다니며, 아이들 교육에도 아주 나쁜 영향을 준다고 글쓴이들은 흥분하고 있는 겁니다.

## 트로트를 싫어한 기성세대는 몇 살?

당시 『동아일보』에 이런 글을 쓸 수 있는 사람은 몇 살 정도일까요? 혹시 유행가를 이해하지 못하는 50-60대의 고루한 분들이 아닐까 하는 의심도 해볼 수 있습니다. 아닐 겁니다. 물증이 있는 것은 아닙니다만, 추정은 가능합니다. 1930년대 초에 한글로 이 정도의 문장을 구사할 수 있는 사람이라면, 꽤 어릴 적부터 신교육을 받은 사람입니다. 당시 최첨단의 문장이었던 이인직의 신소설 『혈의누』가 1906년에 발표된 작품인데요. 기사와 비교하면 아주 구식 문체의 소설입니다.

1917년에 단행본으로 나온 이광수의 『무정』에 이르면 위의 기사와 흡사한 문체가 등장하게 됩니다. 그러나 그 시대에 그런 문체를 구사할 수 있는 사람이 많았다고 보기는 힘듭니다. 『무정』에서 2년 뒤인 1919년 삼일운동 때 발표된 「기미독립선언문」이 '오등은 자에 아 조선의 독립국임과 조선인의 자유민임을 선언하노라' 같은, 도대체 이해할 수 없는 문체로 이루어져 있다는 사실을 기억해 보시길 바랍니다.

이인직은 1862년생입니다. 「기미독립선언문」을 정리한 최남선은 1890년생, 이광수는 1892년생입니다. 즉 이인직처럼 1860년대에 태어난 사람은 마흔이 다 되어서야 20세기를 맞게 됩니다. 어투나 문체란 건 젊은 시절에 형성되어 나이가 들면 바뀌기 힘든 법이지요. 그러니 이인직이 그 정도의 문체를 구사한 것도 놀랄 일입니다. 1890년대에 태어나 일본에 유학하여 최첨단의 신교육을 받은 경우라도 1910년대에 『무정』에서와 같은 신식 문장을 구사하기가 쉽지 않았습니다.

그럼 위에서 살펴본 신문기사가 쓰인 시대에 최남선과

이광수 또래들은 몇 살이나 됐을까요? 얼추 계산해 보면 1930년 초에 최남선과 이광수가 이제 막 30대 말에서 40대로 넘어가고 있던 시기네요. (지금 따져 보니 엄청 젊은 나이죠? 최남선이 잡지 『소년』을 창간하고 시 「해에게서 소년에게」를 발표한 것은 '꼴랑' 18세 때였습니다.)

그러니 『동아일보』에 유행가에 대해 성토하는 글을 실을 사람이라면, 아주 높게 잡아야 30대 중반 정도일 겁니다. 모르긴 몰라도 20대 중반에서 갓 서른 정도의 사람일 가능성이 크고요. 당시의 50-60대들은 식자층이라 할지라도 주로 한문만 공부한 사람이 태반이니, 한글로 이런 문장을 구사하기가 쉽지 않습니다.

## 슈퍼주니어가 《가요무대》에

자, 제가 맨 앞에서 이야기한 내용으로 다시 돌아가 보겠습니다. 당시 30대의 어른들은 트로트로 대표되는 유행가가 '아이들'의 것이라고 치부했고, 자신들은 그런 노래를 아주 못마땅해 했다는 게 자명해졌습니다. '황성 옛터에 밤이 드니 월색만 고요해', '부두의 새악시 아롱 젖은 옷자락' 같은 노래가 놀랍게도 당시 청소년이었던 10대가 즐긴 노래였습니다. 지금으로서는 이런 노래를 열두어 살 청소년들이 가슴 설레며 불렀을 것이라고 상상하는 게 참으로 힘듭니다만, 분명한 사실입니다.

뿐만 아니라 중년은 물론이거니와 20대 후반과 30대 초반 정도의 나이만 되더라도 이런 노래를 전혀 받아들일 수 없었습니다. 지금 우리가 느끼기에는 일제강점기의 트로트를 너무도 중노년에 어울리는 노래라고 생각하지만, 당시에는 아니었다는 겁니다. 그리고 1970년대와 1990년대에나 있었을 것 같은 세대 간의 취향 갈등, 그게 1930년대에도 똑같이 벌어졌다는 것도 아주 흥미롭습니다. 예나 지금이나 어쩌면 이렇게 똑같은지 웃음이 슬며시 나옵니다. 아마 지금의 10대들도 40년쯤 뒤에는 "요즘 애들 노래가 노래냐?"라고 흥분하겠지요? 그때쯤이면 슈퍼주니어나 엑소 같은 가수들이 아마《가요무대》를 주름잡고 있을 테고요.

## 3장
# 트로트가
# 청소년 노래라고요?

### 트로트가 싫었던 어른들

1930년대의 어른들이 '요즘 청소년들'의 노래 취향을 문제 삼아 성토하는 신문기사를 보면, 정말 기시감(旣示感)이 느껴질 정도로 익숙합니다. 지금 2010년대로부터 따져 보면 무려 80년 전의 일입니다. 예나 지금이나 어른들이 하는 말은 정말 비슷합니다. 그리고 그런 어른들이 '꼴랑' 서른 남짓의 나이였을 것이라는 생각을 하면 웃음이 나오지요.

이 시대 신문기사에 나온 것처럼 축음기를 통해 유포되는 유행가를 청소년들이 즐기고 있음을 개탄하는 현상을 발견하는 일은 그리 어렵지 않습니다. 그리고 지탄의 대상이 되는 대중가요가 일본에서 유입된 트로트임은 말할 것도 없습니다.

소위 유행가라 하고 항간에 불려지는 노래를 듣건대 어찌 그다지 가사가 야비하고 곡조가 애상적인 것이 많은가? 욱일승천의 기세는 찾아볼 수도 없고 몰락의 애조만이 충만하였으니 듯는 이의 가슴만 쓰라리노라. 노래를 부르는 이가 대부분 청소년임에도 불구하고 몰락의 비애 곡을 고성대창하야 조금도 꺼림 없는 그 심경이야 가탄할 바니 예술의 쇠퇴와 인류문화의 파멸은 염두에도 두지 않고 호구와 영리에만 눈 어두워 이러한 작품을 남제(濫製)하는 문사(文士)와 레코드 회사의 존재야말로 더 한층 가증한 바가 아니고 무엇이랴?

— 문수암, 「유행가의 정화」, 『동아일보』 1937.7.1.

실제 신문을 보면 글쓴이 이름 앞에 '경남 울산 읍내'라써 있는 것으로 보아, 울산의 독자가 보낸 글인 듯합니다. '…노라'라는 어투를 쓰는 것으로 보아, 앞의 글들에 비해서 감각이 좀 '올드'한 분인 것 같군요. 어쨌든 이 분이 비판하는 지점은 이 시기 새롭게 유행하는 노래들이 모두 '몰락의 애조만이 충만'한 노래라는 겁니다. 이렇게 논조하는 까닭은 슬픈 감정을 노래하는 것이 즐겁고 패기만만한 노래를 부르는 것에 비해 불건강하다고 생각하는 아주 단순한 판단이라고 생각됩니다. (그런데 이렇게 생각하는 어른들이 1970년대까지도 꽤 많아, '지나친 비애'를 문제로 노래를 금지하는 일이 종종 있었고, 지금도 이런 생각을 하는 분들이 적지 않답니다.)

그러나 1930년대의 독자투고에 반박을 해봤자 지금 무슨 소용이 있겠습니까? 이 글에서 주목하는 것은 이 독자가 비판하는 노래가 어떤 종류의 노래였겠는가 하는 겁니다. '몰락의 애조'를 대표하는 노래는 바로 트로트 양식의 노래입니다. 1980년대부터 트로트는 술자리에서 망가짐을 감수하며 부르는 진지하지 않고 웃기는 노래로 인식됩니다만, 사실 그 이전에는 청승스럽고 슬픈 분위기의 노래를 대표했습니다.

1930년대 이난영이나 고복수의 노래는 말할 것도 없고 1960-70년대 최고의 트로트 가수였던 이미자의 노래가 늘 그랬지요. 1980년대까지만 해도 조용필의 「미워 미워 미워」나 김수희의 「멍에」, 심수봉의 「사랑밖엔 난 몰라」 같은 노래에서 이렇게 청승스럽고 슬픈 정서는 고스란히 확인됩니다. 즉 당시 어른들이 소리 높여 비판한 대상은 트로트 양식의 대중가요였습니다. 그리고 이분들은 트로트 양식이 우리 문화에서 나온 것이 아니라, 일본에서 들어온 외래적인 것임을 다 알고 계셨던 것 같습니다.

요새 가두에서 종종 창피한 유행가의 레코드 소리가 들려온다. 그 유행가의 작곡가를 훑어보건대 조선인 작곡이다. 예술에 가치를 논할 필요도 없거니와 게다가 해외 작곡을 흉내 내지 않았는가? 이 얼마나 가증한 일이냐. 조선노래의 정서가 흐르는 곡에 창작은 못 할지라도 왜 민망하게도 흉내를 내느냐 말이다. 좀 더 조선예술에 특수색과 향상을 위하여 많은 공헌이 있기를 바라는 바이다.

— 이재봉, 「유행가 작곡가에게」, 『동아일보』 1937.8.11.

글쓴이 이름 앞에 '어강익(於康翊)'이라 적혀 있습니다. 아마 황해도 강익에 사시는 독자인 듯합니다. 우리나라 사람이 작곡했는데도 외국(아마 일본이겠지요) 작곡을 흉내 내는 것을 비판합니다. 우리나라 색깔이 넘치는 노래를 만들어 대중적으로 불려야 한다고 생각하시는 분입니다. 아예 콕 집어서 일본 것을 모방했다고 지적하는 독자도 있습니다.

예술에서 이단은 대중의 오락으로 되는 것이다. 조선 레코드계는 아즉 혼돈 한가운데 있다 하드래도 과언이 아니다. 유행가는 리얼리즘이다. 그러기 때문에 중앙에 오류이나 되는 레코드 회사에서 상업정책으로 일본 내지(內地)의 유행가를 모방하거나 예술에 깊은 이해도 없는 시인들의 값싼 자기영탄에 흐른 시를 작곡해서 판매시장에 내

놓으면 청소년들이 부르다가 사라지고 예술적 구성을 상실케 하는 것이다. 지금 각 신문지상에 보도되는 바와 같이 좀 정화하여 악영향이 없고 대중의 시인과 향토적 시를 양성함이 가할 듯하다.

— 한응원, 「레코—드계에 평안(評眼)」, 『동아일보』 1937.6.25.


'예술에 깊은 이해도 없는 시인들의 값싼 자기영탄'으로 채워져 있다고 했으니 예술적 완성도에 문제가 있다는 지적이지요. '대중의 오락'이 되는 '이단'의 길을 택하지 말고, '리얼리즘' 즉 우리 삶을 현실적으로 담아내는 작품을 잘 만들어 내야 한다는 당부가 느껴집니다. 그런데 이 대목에서도 '향토적 시'라는 대목이 눈에 띕니다. 당시 트로트에 대한 불만이 조선적이고 향토적인 색깔이 없다는 것임은 이 글에서도 확인되는군요.


## 트로트와 엔카

이쯤 되면 과연 트로트 양식이 일본에서 온 외래적인 문화인지에 대해 따져 보는 일이 필요합니다만, 이에 대해서는 다른 책에서 서술한 바 있으므로 상세히 말하지는 않겠습니다. (『한국대중가요사』, 『흥남부두의 금순이는 어디로 갔을까』 같은 책을 참고해 주세요.) 결론과 핵심만 말하자면, 이 시기에 유행한 트로트 양식은 단조 트로트이며 '라시도미파'의 독특한 5음계의 음악이고, 이는 우리나라에서는 자생적으로 만들어지기 힘든 일본에서 유입된 음악이라는 점입니다. 일본에서는 이런 노래를 '엔카(演歌)'라 했습니다. 우리나라 국악의 전통음계와 비교하면 아주 이질적인 음계이지만, 일본에는 이미 이와 흡사한 음악들이 존재했었고 서양근대음악의 단음계가 들어오면서 '라'를 기본음으로 삼는 방식의 엔카로 정리되었다고 보입니다.

『동아일보』에서 유행가에 대한 지탄의 기사는 1933년부터 발견되는데, 이애리수가 부른 「황성 옛터」가 1932년, 고복수가 부른 「타향살이」가 1934년에 나왔다는 것을 생각하면 결코 우연이 아니라는 생각이 듭니다. 게다가 「타향살이」와 「목포의 눈물」을 낸 오케레코드사는 다소 싼 값으로 조선의 대중가요 음반을 내놓아 대중화에 성공합니다. 이때는 바로 트로트 양식의 노래가 막 대중적 인기를 얻고 자리잡아 가는 상승기였고, 어른들은 마구 부상하는 새로운 형태의 낯선 노래에 당혹해 한 겁니다.

그런데요, 당시 어른들은 왜 트로트를 그토록 받아들이지 못했을까요? 어른들의 지적처럼 눈물과 한숨의 노래들이어서요? 대개 이런 비판들이란, 자신의 불편함을 합리화해 주는 근거이기 십상입니다. 어른들이 좋아하는 우리의 전래 노래들에도 청승스러운 음악은 얼마든지 있습니다. 평안도 지방의 「수심가」나 「배따라기」, 전라도 지방의 「육자배기」나 판소리의 계면가락들은 얼마나 슬프고 청승스럽습니까. 그런데 트로트의 애상만을 문제 삼는 것은 그게 정말 애상적이어서 문제였던 게 아니라, 낯설고 불편한 음악이었기 때문일 겁니다.

지금 우리나라 사람들은 「황성 옛터」, 「타향살이」, 「목포의 눈물」 등을 들으면 아주 익숙하며 편안하고 쉬운 노래들이라 느낍니다. 하지만 당시에 이런 음악들은 상당히 낯설고 새로운 음악이었을 거예요.

## 새로운 음악이 외국어처럼 낯설었던 기성세대

이 시대 어른들의 생각과 마음을 짐작하려면, 그 시대 사람들의 삶과 문화를 시뮬레이션 하듯 상상해 보는 것이 필요합니다. 앞의 글에서 최남선과 이광수가 몇 년에 태어난 사람들인가를 따져 보았던 것처럼 말이죠.

우리나라에서 서양음악의 노래가 불리기 시작한 것은 서

양 선교사들이 찬송가를 가르치면서부터입니다. 이후 신식 학교가 만들어지면서 '창가'라는 이름으로 새로운 음악의 노래가 학생들에게 교육되고 신식 군대에서 군악대를 만들어 독일인 에케르트가 음악을 가르치게 됩니다. 이런 것들은 모두 19세기 후반의 일이고, 이런 문화 안에 들어가 있는 사람은 아주 소수였습니다. 1910년에 나라를 빼앗기고 일본식 교육이 본격화되었다 할지라도 우리나라 사람의 대부분, 특히 이미 20세가 넘은 어른들에게 일본을 거쳐 들어온 서양음악은 아주 낯선 음악이었습니다. 지금도 그렇지만 나이가 들어서 배운 음악은 쉽게 체득되지 않습니다. 당시 '도레미파솔라시도' 음계는 마치 외국어처럼 불편한 것이었죠.

새로운 문화는 늘, 대도시 나이 어리고 학력 높은 사람들에게 먼저 들어와 그 주변으로 점점 퍼져 나갑니다. 트로트의 '라시도미파'라는 새로운 음계의 노래도 그랬을 겁니다. 일제강점기의 창가집(즉 노래책이죠)을 살펴보면 이미 1910년대부터 나카야마신페이(中山晋平) 등이 작곡한 이런 음계의 일본 노래가 들어와 번역되어 불렸음을 확인할 수 있습니다. 하지만 이때까지만 해도 한국인이 이런 노래를 작곡했다는 기록은 없습니다.

'라시도미파' 음계로 한국인이 노래를 작곡한 것으로 1922년에 잡지에 수록된 악보가 있습니다. 이것은 북한 학계에서 주장하는 것인데, 1922년 「잃어진 고향」이라는 노래의 악보가 남아 있다는 것이지요. 그래서 북한에서는 이 노래를 유행가의 시작으로 보고 있습니다.[3] 그러나 잡지에 악보로 수록되었을 뿐 상업공연이나 음반 등에 등장한 흔적은 없어, 아직 유행가 혹은 대중가요라 이야기하기는 쉽지 않습니다. 또한 유명하게 알려진 노래도 아니니, '유행' 했다고 보기는 힘들지 않을까 싶습니다. 어쨌든 1922년에 이런 음계의 노래가 지방 잡지에 수록된 것으로 보아, 1920년대 초 즈음에는 한국인도 이런 음계를 구사할 수 있을 정도로 익숙해진 것이라 보아도 될 겁니다.

이 대목이 참 중요합니다. 노래가 음반에 수록되고 상업적 공연을 해서 유행한다는 것은 그저 작곡가가 창작할 수 있다는 것만을 의미하지 않습니다. '널리' 불려야 하므로 꽤 많은 수용자가 그런 음악을 즐길 수 있을 때가 되어야만, 창작자도 그런 노래를 많이 짓게 됩니다. 저는 '라시도미파'

---

[3] 『관북월간』 3호에 수록되었다고 한다. 최창호, 『류행가의 연원에 대하여』, 심포지엄 자료집 『해방 전 조선민족 대중가요 연구』, 중국연변대학예술학원·조선216예술교육출판사·한국언어문학회, 2003.10.6-7, 109쪽.

음계의 트로트가 '유행'이라 이야기할 정도가 되는 시기를 1930년을 전후한 때로 봅니다.

앞의 글에서 1928년 영화 주제가였던 「세 동무」를 이야기했었습니다. 대중가요로 한국인이 지은 단조 트로트의 첫 노래로 기록될 수도 있겠습니다만, 그런 판단을 좀 유보해야 할 만한 구석이 있습니다. 왜냐하면 이 노래를 취입한 음반을 들어 보면 1930년 음반에서 김연실은 장조에 가깝게, 같은 해 또 다른 가수인 채동원은 단조에 가깝게 부르고 있거든요. 현재 남한에서는 「세 동무」를 단조 트로트로 부르는 것이 일반적입니다. 그런데 북한에서는 이 노래를 장조로 부릅니다.*4

이 시기 음반에는 이렇게 장조와 단조를 헷갈리게 부르는 노래가 심심치 않게 발견됩니다. 아직 단조 5음계의 트로트에 대한 소화불량 상태를 보여 주고 있는 거죠. 그에 반

---

*4 해방 후 남한에서 나온 음반과 악보집에는 「세 동무」가 모두 단조 5음계의 노래로 남아 있다. 그러나 북한에서 '불후의 고전적 명작'의 하나로 일컬어지는 항일무장투쟁기의 노래 「반일전가」는 「세 동무」를 장조로 부를 때와 그 선율이 거의 흡사하여, 당시 대중들에게 「세 동무」가 장조 선율로 불렸을 가능성을 보여주고 있다.(이영미,『김주석 가계의 창작노래에 대한 소고』, 통일문화학회, 『통일과 문화』 2호, 당대, 2002, 122-126쪽 참조.) 이에 대한 궁금증을 품고 있던 필자가, 앞서 언급한 심포지엄에서 북한의 원로 대중가요 연구자 최창호에게 물어본 결과, 「세 동무」를 당연히 장조의 노래라고 알고 있음을 확인했다.

해, 이 시대에 민요풍의 음악으로 부른 노래들은 웬만한 가수들도 아주 능숙하게 잘 부릅니다. 서양음악이나 트로트 양식보다 민요나 판소리가 훨씬 더 편안하고 익숙한 '모국어' 같은 음악이었던 거죠.

이로부터 몇 년이 더 지난 1932년 「황성 옛터」에서는 단조 트로트의 작곡, 편곡, 가창에서 상당히 진전한 모습을 보입니다. 그리고 1934년 「타향살이」가 뒤를 이어 빅 히트를 기록합니다. 하지만 「황성 옛터」와 「타향살이」는 모두 3박자라는 특성이 있습니다. 트로트의 주류 박자는 2박자거든요. 그런데 1935년 「목포의 눈물」이 발표되는 즈음부터 확실히 2박자가 우세한 경향으로 변화합니다. 가창도 아주 안정적이어서, 이전의 가수들처럼 어리버리한 느낌이 사라지고 능란하게 노래하고 있습니다. 이후의 여가수들은 모두 이난영을 모방하고 '제2의 이난영'을 꿈꾸면서 성장했습니다.

말하자면 1930-35년에 이르러서야, 드디어 일제강점기 조선 대도시에서 이런 노래를 즐기면서 음반을 구입할 만한 사람이 꽤 많이 생겼다고 말할 수 있습니다. 그 이전에는 창작자, 가수, 수용자 모두 충분히 트로트를 유행시킬 만큼은 되지 못했던 거죠.

## 일본어로 공부하고 일본어로 시험 쳤던 아이들

그렇다면 이제 1930년대 중반의 시기를 생각해 볼 때입니다. '왜 하필 이 시기인가?'라는 질문을 던져야 합니다. 잘 따져 봅시다. 1930-35년에 청소년기인 15세가 된 사람들이란 1915년에서 1920년에 태어난 사람들입니다. 즉 1930년대 중반은 1920년 즈음에 태어난 아이들이 청소년기에 도달하는 시기란 거죠. 이제부터 시뮬레이션 같은 상상력이 필요합니다.

이 사람들은 우리가 일제강점기로 전락한 이후에 태어난 아이들입니다. 태어날 때부터 국적이 '일본'인 아이들이었다는 겁니다. 이전 세대는 서당에서 한학 교육을 받다가, 뒤늦게 바뀐 세상에 적응하려고 신교육으로 방향을 바꾼 사람들입니다. 그에 비해 대도시 중산층으로 태어난 1920년생이라면 서당 교육의 경험이 없이 7세 때부터 일본식 신교육을 받았을 겁니다. 이들에게 일본어와 일본문화는 매우 익숙합니다. 일본어 실력은 거의 일본인과 맞먹는 수준이지요. 처음부터 일본인 선생님들에게 배웠고, 강의도 시험도 모두 일본어로 치르며 성장했으니까요. 그래서 부모들과는 아주 다른 문화를 갖고 있었습니다.

1890년대 말이나 1900년대 초에 태어난 부모 세대는 일본어에 서툴렀습니다. 아무래도 나이가 들어서 일본어를 배운 사람들이니까요. 그래서 서울에 살면서도 명치정(지금의 명동)이나 본정(지금의 충무로)에 나가 일본인 상점 거리를 휘저으며 물건을 사고 카페에서 커피를 마시는 것이 불편하였습니다. 청계천 남쪽의 명치정, 본정 부근은 일본인들의 상업·금융의 중심지로 매우 화려한 거리였습니다. 이곳에서 일본어를 모르면 무척 불편할 정도였다고 합니다. 그에 비해서 1920년생으로 대도시에서 자란 청소년들은 명치정이나 본정은 물론이고, 도쿄나 오사카 한복판에 데려다 놓아도 거의 일본인과 구별이 안 될 정도입니다.

저는 대중예술사 연구를 위해 한운사, 유호, 손석우 등 원로 작가들을 꽤 만나 보았는데요. 이분들이 모두 1920년대 초에 태어나 청주상업, 경성제2고보(경복고교), 목포상업 등 나름대로 그 지역에서 쟁쟁한 학교에 다닌 모범생들이었습니다. 이분들이 하시는 말씀은 1940년대 정도가 되면 자기 같은 중등교육을 우수하게 마친 조선인 청년은 일본인 청년들과 외양으로 거의 구별되지 않는다는 것입니다. 한운사의 방송극인 《현해탄은 알고 있다》(1960)에서는 학도병으로 일본에 끌려간 조선인 청년 아로운을 일본인 처녀가 일본 청년으로 착각하고 그 앞에서 '조센징' 험담을 하는 장면이 나옵니다. 그 정도로 구별이 안 됐던 거죠. 오히려 이분들은 너무 일본인처럼 교육을 받아서, 한글과 우리 문학을 제대로 공부하지 못한 것에 대한 목마름을 갖고 계셨습니다. 심지어 1915년생으로 서울에서 유치원까지 다니며 성장한 연출가 이원경 선생님은 자기 세대와 바로 윗세대는 일본어 구사력에서 현격한 차이가 있다고 단언하셨습니다.

즉 1935년 즈음에 청소년기를 맞은 사람들은 어릴 적부터 일본어와 일본문화를 체득하며 살아온 사람들이었습니다. 바로 그런 청소년들이 성장하여 대중가요 수용집단으로 존재를 드러내기 시작하는 시기에, 일본에서 유입된 트로트 양식의 대중가요가 본격적인 정착과 유행의 현상을 보여주기 시작하는 겁니다. 당연히 트로트의 창작자와 가수 역시 모두 20대의 매우 젊은 나이였습니다.

## 새파란 이십 대, 대중예술계의 세대교체를 주도하다

신인가수야 예나 지금이나 젊은이들의 몫이니 그렇다 치더라도 창작자가 아주 젊은 사람들이었다는 점은 꽤 주목할 만합니다. 「타향살이」와 「목포의 눈물」을 작곡한 손목인은 1913년생이니 두 노래를 발표할 당시의 나이가 20대 초반입니다. 이로부터 몇 년 후에 최고 인기 작곡가로 부상한 박시춘 역시 1913년생입니다. 대중가요계에서 새로운 양식이 부상하는 시기에는 이렇게 20대 작곡가들이 노래를 짓고 10대 중후반 청소년들이 열광하는 경우가 많은데, 이 시대도 그랬던 거죠. 아울러 1970년대 청년문화 시대에도 그랬죠. 송창식·윤형주는 1947년생이고, 이들 노래를 좋아하던 팬들은 1950년대에 태어난 청소년들이었습니다. 1990년대 신세대가요 시대에는 정석원·신해철이 1968년생, 서태지는 1972년생이었으니 역시 1930년대, 1970년대의 새바람을 일으킨 사람들과 엇비슷한 나이였습니다.

게다가 손목인과 박시춘은 모두 일본에서 생활한 경험이 있습니다. 손목인은 히트곡을 지을 당시 일본의 음악학교에 유학하고 있던 '음대생'이었고, 박시춘은 음악을 하고 싶어 일찌감치 가출하여 일본에서 악사 활동을 하다 돌아왔습니다. 즉 이들은 어릴 적부터 일본식 교육과 문화 속에서 자란 젊은이들이었을 뿐 아니라, 남들보다 일찍 일본의 새로운 문화를 받아들일 기회를 가진 사람들이었습니다. 이렇게 보자면 1930년대 중반의 트로트 양식의 부상이란, 대중가요계의 세대교체 현상이라고 보아야 합니다. 새로운 젊은 수용자들이 부상하면서 이들 구미에 맞는 양식과 작품을 만들

수 있는 젊은 신인 창작자들을 부상시키는 현상 말입니다.

　이런 현상은 대중가요에서만이 아니라, 다른 분야에서도 엇비슷하게 나타나고 있었습니다. 1930년대 중반에 영화계에서는 일본에서 연출 수업을 하고 돌아온 감독들이 발성영화를 주도합니다. 1920년대 영화계의 최고 인기 감독은 단연 나운규입니다. 그런데 나운규는 어깨 너머로 영화를 배워 감독이 된 사람입니다. 그에 비해 1935년 발성영화의 시대(그 이전까지는 무성영화의 시대였지요)를 시작한 감독들은 젊은 나이에 일본으로 건너가 일본 영화사의 연출부에서 일하며 상업영화 제작 시스템을 제대로 배운 젊은이였습니다. (이를 대표하는 박기채 감독은 1906년생입니다.)

　대중소설에서는 이 시기에 김내성이라는 놀라운 추리소설 작가가 나옵니다. 연애나 가족 이야기야 원래 우리나라 사람들도 늘 만들어 온 이야기였습니다. 그에 비해 서양식 추리소설, 미스터리소설이란 그 양식을 새롭게 배우고 익혀야만 쓸 수 있고, 또 그런 논리적인 구성방식에 익숙한 독자들이 있어야만 소설이 출간될 수 있습니다. 1909년생인 김내성은 와세다대학에 유학하던 중 일본의 탐정소설 전문잡지에 일본어로 추리소설을 써서 등단합니다. 귀국 후 1936년 단편 「가상범인」, 1937년 「백가면」 등을 발표해 한국추리소설의 새 장을 열게 되지요. 그가 1939년에 발표한 장편 추리소설『마인』은 1970년대 김성종의 시대가 도래할 때까지 이 작품을 뛰어넘을 작품이 없다고 할 만큼 선구적인 모습을 보여 주었습니다.

즉, 1930년대 중반의 시기란 1910년 전후에 태어난 젊은 예술가들이 20대를 맞아 일본의 새로운 대중예술 양식과 관습을 본격적으로 익혀 한국대중예술계의 새로운 바람을 일으키는 시기, 그리고 일본식 교육과 문화 속에서 성장한 아이들이 이제 막 청소년기에 도달하여 일본의 젊은 대중 문화와 다를 바 없는 경향의 작품을 목마르게 기다리고 있었던 시기였습니다. (문학사에서 이 시기는 흔히 상업적 대중소설의 전성기로 이야기되는데, 그 이유에는 카프 등 사회주의운동의 몰락과 언론·출판자본의 상업화 등 요인과 더불어 일종의 세대교체라는 또 다른 요인이 존재하고 있었습니다.)*5

## 도쿄 젊은이들과 공유하는 새롭고 세련된 취향 트로트

이제 이 시기 트로트가 어떤 양식이었는지 짐작이 좀 되

---

*5 이영미, 「추리와 연애, 과학과 윤리―장편소설로 본 김내성의 작품세계」, 『대중서사연구』 21호, 대중서사학회, 2009.6, 11-12쪽.

시나요? 지금 우리는 트로트를 나이 든 사람들이 좋아하는 촌스러운 노래라고 여기고 있습니다만, 1930년대 중후반의 트로트는 대도시에서 신교육을 제대로 받은 세련된 젊은이들의 노래였습니다. 즉 일본 대도시의 젊은이들이 좋아하는 것과 동일한 새로운 트렌드를 고스란히 받아들인 노래였던 거죠. 1970년대 초에 비유한다면 밥 딜런이나 사이먼 앤 가펑클의 노래가 등장한 것과 마찬가지였다고나 할까요? 그래서 작곡가 박시춘은 일본의 이런 스타일 노래를 가장 잘 짓는 인기 작곡가 이름에 빗대어 '조선의 고가마사오'라고까지 불렸답니다.

그러니 당시 성인들은 아주 못마땅했겠지요. 마치 1970년대의 40대들에게 비틀즈나 밥 딜런 노래가 전혀 먹혀들지 않았던 것처럼, 1990년대의 40대들에게 너바나나 엑스재팬의 음악이 불편하게 느껴졌던 것처럼, 1930년대의 30대들은 일본 엔카 양식을 받아들인 새로운 유행가가 편치 않았던 겁니다. 그러면서 이들은 '조선색'을 가진 노래를 지어야 한다고 처방을 내립니다. 그것은 민족주의적 명분을 가지고 있을 뿐 아니라, 자신들에게 익숙한 음악이기도 했으니까요. 실제로 당시 언론사에 몸담고 있던 시인 김억 (1896-?) 등이 「꽃을 잡고」(1934, 이면상 작곡, 선우일선 노래) 등을 창작하여 신민요의 붐을 일으키려 노력한 사례는 중장년 지식인들이 지니고 있던 노래 취향을 보여 준 한 사례라고 할 수 있습니다.

또한 이런 신민요는 당시 한국인들에게 익숙한 음악이었으니 당연히 대중적 인기를 누렸습니다. 하지만 좀 나이 드신 분, 학력이 낮은 분들까지만 포용할 수 있는 노래였다고나 할까요? 젊은 감각의 진지한 노래는 역시 트로트였습니다. 그래서 신민요는 1960년대를 마지막으로 인기를 잃는 것에 비해 트로트는 그토록 오래 생명력을 유지하는 것일 테지요.

## 4장

# 포탄 연기 속에서도
# 맘보바지 입고 맘보춤 추던 젊은이

**트로트 세대도 나이를 먹어 간다**

'모뽀모걸'이란 말을 아시나요? 요즘도 젊은이들의 새로운 유행어가 주로 줄임말로 만들어지는 경우가 많지요. 예컨대, 쌩얼(생얼굴), 알바(아르바이트), 인강(인터넷 강의) 같은 말은 정말 흔히 쓰는 말이잖아요. 일제강점기에도 마찬가지였습니다. '모뽀모걸'은 '모던 보이, 모던 걸'을 줄여 부르는 그 시대 신조어였어요. 웬만한 신문과 잡지에까지 등장할 정도로 흔히 쓰였죠. 이런 '모뽀모걸'은 모던 경성의 화려함을 구가하며 일본 유학파 음대생 손목인이 작곡한 「목포의 눈물」과 '조선의 고가마사오'라 할 만한 박시춘 작곡의 「애수의 소야곡」을 즐겼습니다. 트로트 양식은 일제강점기 대도시 청소년들이 즐기던 세련되고 젊은 양식이었고, 당시 어른들은 이를 꽤나 못마땅해 했다는 말씀을 드렸습니다.

하지만 시간이 지나면서 판도는 변했습니다. 일단 이난 영과 남인수에 환호했던 일제강점기 '모뽀모걸'들도 세월이 지나며 나이를 먹었고, 이 뒤를 따르는 아랫세대들에게 트로트는 꽤나 익숙한 노래로 정착했습니다. 말하자면 트로트를 좋아하는 세대가 시간이 갈수록 점점 늘어났다는 거지요.

그뿐만이 아닙니다. 대도시 젊은이들이 좋아하는 취향이란 시간의 흐름에 따라 점점 넓은 수용자들을 확보하기 마련입니다. 그 취향이 '세련된' 것으로 인정받기 때문입니다. 소도시나 시골에 살던 젊은이들, 학력과 계층이 낮아 '일본의 새로운 트로트'를 받아들일 기회가 적어서 트로트를 일찌감치 자신의 취향으로 선택하지 못했던 사람들이 적지 않았겠지요. 이들은 대도시의 학력 높은 젊은이들을 부러워하면서 시간이 흐를수록 그들의 취향을 자신의 것으로 받아들이게 됩니다.

그 결과 1950년대로 들어서면서 트로트는 더는 '가장 세련된' 양식이 아닌, '꽤나 대중적인' 양식으로 판도가 바뀌게 됩니다. 당시 대한민국의 웬만한 10대부터 30대까지의 사람들은 트로트 양식을 웬만큼 부르고 즐길 수 있게 되었을 것이라는 게 제 생각입니다.

## 트로트를 중심으로 세대 갈등 완화

이쯤 되면 대중가요 취향의 세대 간 갈등은 새로운 국면에 접어든다고 봐야 합니다. 그 새로운 국면이란 두 가지 가능성이 있지요. 하나는 10대와 30대가 모두 트로트를 즐길 수 있게 되어 세대 간의 취향 갈등이 어느 정도 완화될 가능성입니다. 혹은 1950년대에 새롭게 등장한 젊은 세대가 트로트가 아닌 또 다른 양식을 선택하면서 트로트 취향과 갈등을 일으킬 가능성이 다른 하나입니다.

그런데 1950년대는 이 두 가지가 함께 나타나면서 다소 복잡한 양상을 보여 줍니다. 우선 트로트를 좋아하던 사람들이 늘어났습니다. 1930년대의 젊은이들이 나이를 먹으며 서른에서 마흔의 나이에 육박했고, 새롭게 등장한 청소년들은 아주 어릴 적부터 형이나 삼촌들을 따라 트로트를 즐기며 성장했습니다. 트로트가 처음 자리 잡을 때는 대도시부터였으나, 유성기의 보급이 늘어나고 트로트를 부르는 연예인들의 공연이 지방 곳곳으로 들어가면서 트로트 수용자들의 범위는 점점 늘어났지요.

1950년대 트로트 히트곡의 경향이 1930년대보다 그리 많이 달라지지는 않았습니다만, 기혼자 느낌이 물씬 나는 노래들이 많이 유행하였다는 것은 확실해 보입니다. 예컨대 이런 노래 말입니다.


1. 미아리 눈물 고개 임이 넘던 이별 고개 / 화약연기 앞을 가려 눈 못 뜨고 헤매일 제 / 당신은 철사 줄로 두 손 꽁꽁 묶인 채로 뒤돌아보고 또 돌아보고 / 맨발로 절며 절며 끌려가신 이 고개 / 한 많은 미아리고개

2. 아빠를 기다리다 어린 것은 잠이 들고 / 동지섣달 기나긴 밤 북풍한설 몰아칠 제 / 당신은 감옥살이 그 얼마나 고생을 하오 / 십 년이 가고 백 년이 가도 / 살아만 돌아오소 끌려가신 이 고개 / 한 많은 미아리고개

— 이해연 「단장의 미아리고개」 (1957, 반야월 작사, 이재호 작곡)


가련다 떠나련다 어린 아들 손을 잡고 / 감자 심고 수수 심는 두메산골 내 고향에 / 못 살아도 나는 좋아 외로워도 나는 좋아 / 눈물 어린 보따리에 황혼 빛이 젖어드네

— 박재홍 「유정천리」 1절 (1959, 반야월 작사, 김부해 작곡)

어떻습니까? 이런 노래들은 확실히 연애 감정을 드러내는 노래와는 다르지요? '운다고 옛 사랑이 오리오만은'(남인수, 「애수의 소야곡」, 1938) 같은 일제강점기 최고의 히트곡들이 지닌 청춘남녀 느낌에서 조금 나이 든 기혼자 느낌으로 옮아온 것이 분명해 보입니다. 물론 1950년대 트로트에서도 여전히 연애는 중요한 소재입니다. 또 기혼자라 해도 연애 감정을 노래한 작품을 여전히 즐기는 법이지요. 하지만 아이까지 있는 기혼자를 주인공으로 설정한 노래가 이래저래 많은 인기를 끈다는 것은 확실히 이제 트로트의 수용자들이 나이를 먹어 가고 있음을 보여 줍니다.

하지만 이런 노래를 젊은이들도 즐기지 않은 것은 아니라 판단됩니다. 1960년 우리나라 최초의 시민혁명인 4·19혁명이 일어나기 얼마 전에 대구에서는 이런 노래가 유행한다는 기사가 『동아일보』 3월 9일 자에 실렸습니다.

1. 가련다 떠나련다 해공 선생 뒤를 따라 / 장면 박사 홀로 두고 조 박사는 떠나갔네 / 가도 가도 끝이 없는 당선 길은 몇 구비냐 / 자유당엔 꽃이 피네 민주당엔 비가 오네
2. 세상을 원망하라 자유당을 원망하라 / 춘삼월 15일에 조기선거 웬 말인가 / 천리만리 타국 땅서 박사 죽엄 웬말인가 / 설움 어린 신문

　박재홍의 「유정천리」을 패러디한 개사곡(改詞曲)임을 한눈에 알아볼 수 있지요. 1956년 이승만 대통령에 맞서 대통령 후보로 나섰던 해공 신익희가 호남지방 유세를 위해 기차로 이동하던 중 갑자기 사망했는데, 뒤이은 선거에서도 또 민주당 대통령 후보인 조병옥이 선거를 불과 한 달여 앞에 두고 미국에서 사망했습니다. 이승만의 장기집권이 1960년 선거로 끝나기를 기대했던 '백성'들의 실망과 허망함이 「유정천리」의 꽤나 청승맞은 곡조와 제법 잘 어울립니다.

　그런데 기사에 의하면 이 노래는 "대구 시내 모 고등학교 학생이 지은 것"이며 "학교에서는 제각기 혹시 자기 학교 학생이 지은 것이 아닌가 하고 벌벌 떨면서 그 작자를 색출하느라고 어떤 학교에서는 학생들의 신체 수색까지 한 일이 있다"고 보도했습니다. 4월 혁명은 3·15부정선거가 이루어지기 직전인 2월 말에 이른바 '2·28 데모'라 불리는 대구 지역 고등학생의 시위로 시작되었고, 3월 13일 부산, 15일에 마산에서 대폭발하여 영남지방을 뜨겁게 달군 후, 4월에 서울로 옮아오는 과정을 거쳤습니다. 『동아일보』 4월 12일 자는 이 노래가 4월의 마산 시위에서 다시 등장했다고 보도합니다.

패러디 개사곡이란 잘 알려진 노래를 바탕으로 이루어지는 법이고, 그래서 꼭 그 노래를 좋아하기 때문에 개사가 이루어지는 것은 아닙니다. 하지만 적어도 자기 입으로 불러본 노래를 가지고 개사를 하게 마련이지요. 즉 1960년에 이런 노래가 유행했다는 것은 고등학생이 개사를 할 정도로 「유정천리」를 자기 입으로 아주 여러 번 불러봤다는 것을 의미합니다. 게다가 영남지방 시위의 중심이었던 중고등학생들이 이 노래를 계속 불렀으니, 단지 대구지역만의 독특함이라고도 보기 어렵습니다.

이야기가 좀 옆으로 샌 감이 없지 않습니다만, 요컨대 1950년대에 트로트는 한편으로 중장년 세대와 시골 지역 주민들에게까지 수용자를 넓히면서 편안하고 대중적인 노래가 되어 갑니다. 다른 한편으로는 여전히 10대들에게까지 어느 정도 즐겨 불리는 노래였음을 의미합니다.

## 어느 틈에 들어온 망측한 음악들

그런데 이와 함께, 이 시대에도 또 새로운 대중가요 경향이 나타나면서 약간의 취향 갈등이 생기는 양상도 포착됩니다. 트로트의 5음계와 다른 서양음악의 7음계가 강세를 보이고, 미국에서 유행하던 스윙재즈나 라틴음악이 뒤섞인 노래들이 등장합니다. 한마디로 '양풍(洋豊)'이라고 말할 수 있는 경향들이 등장하는 거지요. 그것은 특히 1950년대 중후반에 집중됩니다.

하필 이 시기에 집중되는 것은 몇 가지 이유로 설명됩니다. 광복과 함께 미군이 우리나라에 주둔하고 한국전쟁으로 미군의 영향력과 대민 접촉이 늘어나면서, 한국인들은 미국 대중문화를 새로운 '대세'로 받아들이게 됩니다. 그러니 미국 최신 경향을 받아들여 소화하고 한국의 대중가요로 재생산할 정도까지의 시간이 필요했던 거지요. 이는 한국 작곡가가 그런 노래를 작곡할 수 있느냐의 문제라기보다는 이런 새로운 음악의 노래를 '한국의 대중가요'로 생산해도 될 정도로 많은 대중이 좋아하는가의 문제입니다.

1950년대 중후반이 되면 이제 블루스, 차차차, 맘보 등의 이름을 붙인 노래가 대중적으로 인기를 모으게 된다는 것은 이런 새로운 음악의 대중가요가 상업적으로 생산될 정도로 새 음악에 익숙해진 대중이 늘어났다는 것을 의미합니다.

또 한 가지는 전쟁을 겪으면서 대중들의 사고방식과 행태가 달라진 것도 이유로 꼽아야겠지요. 1950년대 중후반에 크게 인기를 끈 양풍의 노래들은 리듬이 강한 음악들입니다. 이른바 아프로아메리칸 음악(아프리카계 미국인들로부터 유래된 음악으로 블루스, 소울, 재즈 등), 아프로큐반 음악(아프리카계 중남미인들로부터 유래된 음악으로 룸바, 차차차, 맘보, 삼바, 보사노바 등)이지요. 서구로부터 유래된 백인들의 근대음악이 단정한 리듬을 지니고 있는 것에 비해, 아메리카대륙의 유색인들로부터 비롯된 음악은 아주 화려하고 복잡한 리듬을 지니고 있습니다. 아프리카로부터 노예로 잡혀 와 아메리카대륙에 정착하여 하층민이 된 이들은 이런 음악에 맞추어 몸을 움직이며 춤을 추었고, 그래서 이런 음악들은 백인들의 음악에 비해 '육체의 질감'을 강하게 풍깁니다. 즉 몸을 움직이며 즐거움을 찾고 자신을 표현하는 성격을 지니고 있는 거죠.

그래서 여론을 주도하는 점잖은 분들은 이런 음악을 '난잡', '저속', '퇴폐' 같은 말로 질타하기 마련입니다. 일반 대중들도 허리와 골반을 흔들어 대고 남녀가 밀착하여 춤을 추는 것에 대해 윤리적인 거리낌을 가지고 있을 수밖에 없지요. 그런데 한국전쟁으로 3년 동안 전쟁을 치르고 생사를 오가며 가족과 공동체가 산산조각이 나는 경험을 하고 보니, 이런 기존의 윤리니 도덕이니 하는 것들이 다 우스워 보이게 됩니다. 하나밖에 없는 인생, 언제 죽을지도 모르는데 '엔조이'하고 살아야 한다는 생각이 널리 퍼지게 되는 거죠. 이전에는 경망스럽고 망측한 음악이라고 선뜻 받아들이기 힘들었을 수도 있던 차차차나 맘보 같은 리듬의 음악이 이 시기에 선풍적인 인기를 끌게 되는 것은 이런 금기가 깨어져 버렸기 때문일 겁니다. 그리고 이런 현상은 몸의 에너지가 강하고 새로운 경향을 빠르게 받아들일 수 있는 젊은이들에게 더 강하게 나타났습니다.

## 맘보 열풍에 맘보바지까지

당시 맘보 열풍이 얼마나 거세었는지를 보여 주는 칼럼 하나 살펴보겠습니다. 수필가 최성실이 '경향춘추' 칼럼에 기고한 글입니다.

'맘보'라는 신어(新語)가 우리나라에서는 한참 유행하고 있다. 서울과 같은 대도시는 물론이지만 강원도와 같은 산간벽지에서도 '맘보'라는 이 새로운 유행어는 어린아이는 물론이고 남녀노소 간에도 널리 쓰여지고 있는 것이다.

(중략)

어의(語義)는 잘 모르긴 하지만 Mambo라고 적어 가지고 '맘보'라고 읽는 것인데, 서기 1943년경 창안된 라틴아메리카 음악의 한 가지로 리듬은 룸바(Rumba)를 기본으로 하여서 다이내믹하게 연주하며 지르바(Jitterbug)와 달리 남녀가 동등하게 움직여 몸을 흔들면서 소리를 지르며 추는 '춤', 즉 음악에서 나온 술어인 줄 생각한다. 이와 같은 유행어가 빠른 시간 내에 그리고 또 재빠르게 방방곡곡에서 모두 사용한다는 그 이유나 동기를 밝히려는 심사는 아니지마는 어쨌든 유행되고 있다고 하는 것은 그리 자랑스러운 일은 못 된다.

— 최성실, 「맘보」, 『경향신문』 1958.6.18.

이 글에서는 과자 이름부터 카바레 제목까지 '맘보'를 붙이는 현실을 '한심하다'고 개탄하고 있습니다. 당시에 '맘보'란 말이 얼마나 유행하고 있었는지, 그리고 '점잖으신' 분들이 이런 세태를 얼마나 못마땅해 하고 있는지를 잘 보여 주고 있지요. 또 "요즈음 라디오나 레코드에서 '헤이! 맘보'란 노래가 상당히 많이 흘러나"온다며 '맘보'에 대한 궁금증을 질문하는 독자투고[6]도 있습니다. 아마 이 노래를 들었을 겁니다.

---

*6 신촌맘보생, 「헤이! 맘보」, 『경향신문』 1957.9.6.

도라지 도라지 백도라지 심심산천에 백도라지 / 도라지 캐러가자 헤이 맘보 / 바구니 옆에 끼고 헤이 맘보 / 봄바람에 임도 볼 겸 치맛자락 날리면서 / 도라지를 캐러가자 헤이 맘보 / 임 보러가세 도라지 맘보 / 봄바람 불어 오는 심심산천에 / 한두 뿌리만 캐어도 헤이 맘보 / 대바구니 찬대요 헤이 맘보 / 한두 뿌리만 캐어도 헤이 맘보 / 대바구니 찬대요 헤이 맘보 / 임 보러가세 도라지 맘보 / 도라지 캐러가자 헤이 맘보

— 심연옥 「도라지 맘보」(탁소연 작사, 나화랑 작곡, 1955)

첫 시작에서는 민요 「도라지타령」을 제대로 부르다가 '심심산천에 백도라지'까지 끝내 놓고는(요즘 용어로 설명하자면 일종의 샘플링이죠) 리듬을 맘보로 확 바꾸어 신나게 부르는 노래입니다. 제목을 기억할 정도로 열심히 듣지 않는 사람들도 길거리 스피커나 라디오에서 이 노래를 자주 들을 수 있었던 모양입니다. 그만큼 인기가 높았던 거지요. 앞서 이야기했듯이 이렇게 새로운 유행은 남녀불문하고 젊은이들에게 퍼졌겠지만, 비판의 칼날은 늘 여성에게로 날카롭게 겨누어지는 경향이 있습니다.

(문) 요새 젊은 여인들이 소위 '맘보바지'라는 괴상한 것을 입고 대

로를 활보하고 있는데 도대체 무엇이 좋아서 그런 것을 착용할가요?
(궁금생)

(답) 그 괴상하다는 바지는 본시 어떤 추운 곳에서 사는 농부가 감기에 걸린 '말새끼'에 입히려고 만든 것을 그 집 딸이 입은 데서 시작된 것인데 바람 들어갈 곳이 없으니 방한상 좋고 양복지도 절약될 뿐만 아니라 추울 때는 내복 대용도 되니 여러 모로 경제적입니다. 특히 남성들의 시선을 집중시키는 데 큰 효과가 있습니다. (유관자有冠子)

— 「'맘보바지'는 왜 입나」, 『경향신문』 1957.11.24.


　'말새끼', '남성들의 시선' 운운하며 요리조리 조롱하는 설명입니다. '맘보바지'는 엉덩이 부분에서 발목까지 달라붙는 형태로 발목 정도의 길이로 입는 바지입니다. 당시에는 여자가 바지를 입는 경우도 그리 많지 않았는데, 게다가 하체의 라인이 그대로 드러나는 바지를 입고 다니니 망측하기 이를 데 없다고 생각했겠지요. 물론 지금의 '스키니진'이나 '레깅스' 정도로 달라붙지는 않습니다. 당시에는 그렇게 신축성 강한 섬유가 없었거든요. 하지만 당시 사람들에게 준 심리적 충격은 레깅스에 못지않았을 듯합니다.

## 아프레걸과 자유부인

맘보라는 춤음악이 풍기는 육체적 느낌에 통 좁은 맘보 바지까지, 이 시대의 유행은 확실히 육체성을 솔직하게 드러내는 방향이라고 할 수 있습니다. 이는 남녀불문이었습니다만, 성적 순결성과 소극적 태도를 미덕으로 여기는 가부장제적 분위기가 강한 우리나라에서는 당연히 여성이 이런 문화를 향유하는 것에 대한 우려가 훨씬 클 수밖에 없었지요. 남자는 길거리에서 상체를 노출해도 창피한 것이 아니지만, 여성은 바지조차 통 좁은 것을 입으면 안 된다고 생각했습니다.

당시에 유행한 다른 신조어를 봐도 그렇습니다. 1950년대 후반에 '아프레걸'이라는 희한한 신조어가 유행했습니다. '전후' 혹은 '전후파'라는 의미의 '아프레게르(après-guerre)'라는 프랑스어가 들어와서, '게르'가 '걸(girl)'로 변조되는 과정을 거쳐 만들어진 희한한 말이었습니다. 당돌한 젊은 여자, 다소곳하지 않고 연애에서도 남성에게 적극적인 태도나 표현을 서슴지 않는 여자를 당시에는 흔히 '아프레걸'이라 불렀고 '아프레하다'라는 식의 서술어도 사용했습니다. 중장년 남성 중심의 여론(꼭 그들만이 이런 여론을 만든다기보다는 사회의 중심인 그들의 시선을 다수 대중이 합심해서 여론

으로 만든 것이라고 하는 게 옳습니다)이란 늘 이렇게 '젊은 여성'
의 변화에만 화들짝 놀라는 경향이 있습니다. 2000년대에
도 '된장녀' 식의 신조어가 늘 젊은 여성만 겨냥하고 있지
않습니까.

이런 조류에 조금 나이 든 여자들이 합류하면 그들 역시
비판의 칼날을 비껴가지 못합니다. '자유부인'이란 신조어
가 바로 그런 것이죠. 1954년 정비석이 연재한 소설의 제목
이기도 합니다. 교수 부인의 춤바람을 다룬 것입니다. 이 시
기의 춤바람이란 모두 커플댄스, 즉 남녀가 쌍을 이룬 춤입
니다. 그렇다면 여자 혼자 춤바람이 날 리는 없지요. 하지만
비판은 늘 여자에게만 쏠립니다.

사실 정비석의 『자유부인』에서도 주인공 '자유부인' 오선
영의 남편인 장태연 교수 역시, 옆집 사는 미군부대 여직원
미스 박의 타이트스커트 아래에 노출된 하얀 종아리에 눈
이 쏠려 어쩔 줄 모르며 미스 박과의 '썸'을 꽤나 즐깁니다.
하지만 소설 제목은 '자유남편', '자유인간'이 아니라 '자유
부인'이고, 마지막 부분에 단죄당하는 것도 주부이자 엄마
인 오선영일 뿐입니다.

## 전후의 유행에 휩쓸린 중장년들

그런데 『자유부인』은 바로 1950년대 후반의 새로운 바람에 중장년들이 휩쓸리고 있었음을 보여 줍니다. 비록 장태연 교수는 바람까지 피우지는 않았지만, 김내성의 마지막 작품인 『실락원의 별』(1957)의 주인공인 중년 작가 강석운은 지적인 아내와 청소년이 된 자녀가 있는데도 여대생 고영림과의 불륜을 저지르고 맙니다.

앞서 본 기사에서 '맘보' 바람에 남녀노소가 없다고 이야기한 것도 좀 과장은 있겠습니다만, 나이 든 사람들도 꽤나 이런 새로운 분위기를 즐겼다는 것을 말해 주고 있습니다. 하필이면 노래가 「도라지 맘보」, 「아낙네 맘보」 같은 제목으로 붙은 이유가 뭐겠습니까? 대도시의 세련된 젊은이만이 아니라, 더 넓은 중장년들까지 이 유행에 합류하기 시작했기 때문이었겠지요. 당시 유행한 스윙재즈 스타일의 「오동동 타령」(야인초 작사, 한복남 작곡, 황정자 노래, 1956)의 가사 '오동추야 달이 밝아 오동동이냐 / 동동주 술타령이 오동동이냐' 같은 대목은 분명, 여자가 아닌 남자 그것도 중장년까지를 모두 아우른 감수성이라 할 수 있습니다.

그러니 1950년대의 취향 갈등은 좀 복잡하다고 말할 수밖에 없습니다. 분명 젊은이들이 주도하고 있으니 세대 갈등의 양상을 띠는 측면이 없지 않습니다. 분단과 전쟁을 겪고 이승만 정권의 긴 정치적 혼란에 경제난까지 가중되면서 기존의 상식과 윤리와 문화가 부서지는 경험을 한 사람들은 비단 청소년만은 아니었습니다. '인생 뭐 있냐? 죽으면 그만인데! 윤리니 체면이니 하는 것 모두 헛것이지!' 같은 생각에 중장년들이라고 휘둘리지 않았겠습니까? 이런 전후 분위기에서 청년들은 미국식 자유주의 문화를 빠르게 받아들일 수 있었을 겁니다.

이 시대의 새로운 유행이 지닌 공과를 평가하는 것은 그리 간단하지 않습니다. 기존 사회질서의 붕괴란 꼭 나쁜 것만은 아니고, 또 미국식 자유주의의 어설픈 모방이나마 민주주의의 기초인 개인주의를 체험하게 한 중요한 경험이었을 테니까요. 하지만 세상 전체가 이렇게 굴러가는 것이 오래 방치되기는 쉽지 않았겠지요. 어쨌든 시간이 지나면서 사람들은 평상심과 보수적 상식의 건강성을 되찾으려 하며 우리 사회는 1960년대를 맞게 됩니다.

## 5장

# 미국식 스탠더드팝으로 봉합된
# 1960년대 취향 갈등

**「오동동타령」이 「노란 샤쓰…」보다 난잡하지 않다고?**

대중가요를 즐기는 청소년들에 대한 우려는 늘 있습니다. 남녀 간의 사랑이나 격한 감정, 육체적 욕망 등이 청소년에게 유해한 것으로 생각하는 성인들의 관점에서 보자면, 청소년들이 학교에서 배우는 노래를 마다하고 대중가요에 빠져 있는 현상은 늘 우려스럽기 이를 데 없습니다. 여론을 주도하는 신문기사에는 종종 이런 기사가 등장하는데 1960년대 초에도 이런 글이 수록되어 있습니다.

성인들의 부르는 대중가요가 어린이의 세계에 침투되어 가고 있다는 데이터가 또 하나 나왔다. '새싹회'에서 4세-7세와 8세-13세 어린이들 각각 1천3백 명씩을 대상으로 조사한 결과 유행가는 엄청나게 많은 어린이가 부르고 있다는 사실이 뚜렷이 드러나 부모들의 관심을 불러일으키고 있다. 이 조사에 의하면 대중가요 「노란 샤쓰 입은 사나이」는 8세-13세까지의 어린이 거의 전부가 부르고 있으며 4세-7세의 어린 아동의 90% 가까이가 이 노래를 알고 있다. 「오동동 타령」은 4세-7세가 1백10명, 8세-13세 어린이 중 2백30명이 부른다는 사실은 가사가 추잡하지 않아 괜찮다고는 하지만 「우리 애인은 올드미스」라는 노래를 조사대상자 1천3백 명 중에서 8세-13세 어린이가 2백70명, 4세-7세 어린이가 2백60명이나 부르고 있다는 점은 애교라고 웃고만 넘길 수가 없는 문제인 것 같다. 외국 가요 중에도 어린이들이 즐겨 부르는 노래가 있는데 가장 많이 불리는 곡이 「오 캐럴」─이 노래는 4세-7세, 8세-13세 어린이들 가운데 각각 9백 명 이상을 차지하고 있다. 그 밖에 섹시한 분위기를 풍기는 「다이아나」라는 노래를 부르는 어린이가 4세-7세 가운데 1백50명이나 된다고 하는 점은 주목할 만한 일이다.

— (미상), 「동심 좀 먹는 유행가─4─7세의 90%가 《노란 샤쓰》 애창」, 『경향신문』 1963.2.18.


앞 장에서 일제강점기의 어른들이 당시 청소년들이 좋아하는 트로트에 대해 우려하는 글을 살펴본 바 있습니다. 어른들이 청소년들의 취향을 못마땅해 한다는 점에서는 위의 글이 그리 다르지 않다고 보입니다. 그러나 그 우려의 섬세한 지점까지 늘 일치하지는 않습니다. 좀 꼼꼼히 따져볼까요.

위의 글에서는 몇 편의 노래가 거론되고 있는데, 작품에 따라 우려의 정도가 다름을 알 수 있습니다. 이 글에서는 「오동동타령」에 대해 비교적 우호적이고, 그다음은 「노란 샤쓰의 사나이」, 그리고 「우리 애인은 올드미스」에 대해서는 가장 비판적입니다. 사실 이런 글의 타당성을 점검하려면 각각의 노래가 어떠한지 살펴보아야 합니다.

1. 오동추야 달이 밝아 오동동이냐 / 동동주 술타령이 오동동이냐 / 아니요 아니요 궂은비 오는 밤 낙숫물 소리 / 오동동 오동동 그침이 없어 / 독수공방 타는 간장 오동동이요
2. 동동 뜨는 뱃놀이가 오동동이냐 / 사공의 뱃노래가 오동동이냐 / 아니요 아니요 멋쟁이 기생들 장구소리가 / 오동동 오동동 밤을 새우는 / 한량님들 밤 놀음이 오동동이요

— 황정자 「오동동타령」 1, 2절(야인초 작사, 한복남 작곡, 1956)

노란 샤쓰 입은 말없는 그 사람이 / 어쩐지 나는 좋아 어쩐지 맘에 들어 / 미남은 아니지만 씩씩한 생김생김 / 그이가 나는 좋아 어쩐지

맘이 쏠려 / 아 야릇한 마음 처음 느껴본 심정 / 아 그이도 나를 좋아
하고 계실까 / 노란 샤쓰 입은 말없는 그 사람이 / 어쩐지 나는 좋아
어쩐지 맘에 들어

— 한명숙 「노란 샤쓰의 사나이」(1961, 손석우 작사·작곡)


    자, 어떻습니까? 두 노래 중 어떤 것이 어린이가 부르기
에 그래도 좀 나아 보인다고 생각하시나요? 저는 아무리 따
져 봐도 「노란 샤쓰의 사나이」 쪽이 나아 보입니다. 왜냐하
면 주인공 여자가 노란 셔츠를 입은 어떤 남자에게 사랑을
느낀다고 감정을 솔직히 털어놓는 것이 노래 전부이기 때
문입니다. 꼭 '미남은 아니지만 씩씩한 생김생김'이라 했으
니, 외모에 집착하는 것도 아니고 자신의 주관과 감정을 솔
직하고 담백하게 털어놓고 있지요. 남녀 간 사랑의 감정이
생겨나는 것은 자연스러운 것이니까요.

    그에 비해 「오동동타령」은 좀 다릅니다. '오동동'이란 말
을 놓고 이리저리 가지고 노는 언어유희는 아주 능란합니
다. 하지만 1절의 '동동주 술타령'과 2절의 '멋쟁이 기생들
장구소리'와 그 기생들과 밤에 노는 '한량님들', 기생과 한
량들이 함께 '노는' 곳에서 흘러나오는 것이 분명해 보이는
'사공의 뱃노래' 등을 살펴보니, 이 노래가 다루는 소재는

한마디로 주색잡기(酒色雜技)이고, 이 주색잡기의 흥겨움이 노래의 신나는 분위기와 잘 어우러지고 있습니다. 이건 분명히 어린이에게 유해한 내용입니다. 술도 나쁜데, 게다가 성매매 가능성이 있는 '기생'과의 놀이를 흥겹게 노래하고 있으니 말입니다. (우리나라에서 성매매는 불법이지요.) 그런데도 앞의 글은 어린이들이 「노란 샤쓰의 사나이」를 부르는 현실에 개탄하면서도 「오동동타령」의 '가사가 추잡하지 않'다고 합니다. 꽤 놀랄 만하지요.

이는 무엇을 말해 줄까요? 이 기사를 쓴 사람의 감수성이 중장년 남자의 감수성이란 의미입니다. 즉 이 기사가 작성된 때로부터 무려 7년 전에 발표된 노래가 더 익숙하고 편한 사람, 그리고 기생들과 한량이 뱃놀이하고 동동주 술타령을 노래하는 문화가 '노란 샤쓰' 입은 남자에게 여자가 '맘에 쏠'린다고 솔직하게 털어놓는 것보다 더 편안하고 익숙하여 '난잡하지 않다'고 느끼는 감수성의 소유자입니다. 그뿐만이 아닙니다. 「오동동타령」은 재즈적인 요소와 어우러진 민요적 요소가 있는 것에 비해, 미국 컨트리의 바이올린 반주를 쓰는 「노란 샤쓰의 사나이」의 음악은 이보다 훨씬 미국적입니다. 그러니 미국 대중음악이 민요적 음악보다 더 낯설고 불편한 감수성을 가진 사람이라면 「노란 샤쓰의 사나이」가 훨씬 불편하게 느껴질 수 있습니다. 즉 위의 기사를 쓴 사람은 이런 사람이 아닐까 추측해 볼 수 있습니다.


## 스탠더드팝으로 대세는 기울고

이 시대로부터 수십 년 지나온 지금의 시점에서 보자면, 1961년의 「노란 샤쓰의 사나이」는 한국대중가요사의 1960년대의 개막을 본격적으로 알리는 노래라고 평가됩니다. 즉 1960, 1961년 즈음을 계기로 이른바 '스탠더드팝'이라 불리는 미국풍 대중가요가 트로트를 누르고 새로운 주류로 떠오르게 됩니다. 또한 그 변화의 시기에 가장 대중적이고 선풍적인 인기를 누렸던 노래가 바로 「노란 샤쓰의 사나이」이기 때문입니다. 이 뒤를 이어 손석우가 짓고 최희준이 부른 「내 사랑 쥬리안」, 「우리 애인은 올드미스」 등의 히트곡이 1960년대 전반에 줄지어 나오고 1964년 젊은 작곡가 이봉조가 짓고 최희준이 부른 「맨발의 청춘」이 신성일·엄앵란 콤비의 영화와 함께 대대적인 히트를 하게 되지요.

1930년대부터 한 번도 주류에서도 첫째 자리에서 밀려본 적이 없는 트로트 양식이 드디어 스탠더드팝 양식의 노래에 자리를 내어 주는 역사적 변화가 생기는 겁니다. 그러니까 위에서 인용한 기사는 이러한 변화의 한복판에서 뭔가 새롭게 등장하는 경향에 불편해하는 중장년 어른들의 취향을 보여 준다고 할 수 있지요. 대세는 이미 기울고 있었는데도 말입니다. 그런데 기사는 스탠더드팝 노래 중에서도 「우리 애인은 올드미스」를 더 못마땅해 합니다. 노래 가사를 살펴보겠습니다.

우리 애인은 올드미스 히스테리가 이만저만 / 데이트에 좀 늦게 가면 하루 종일 말도 안 해 윗 셜 아이 두 / 우리 애인은 올드미스 강짜 새암이 이만저만 / 젊은 여자와 인사만 해도 누구냐고 꼬치꼬치 오 헬프 미 / 우 우우우 우우우 우우우 / 우 우우우 우우우 우우우 라라 라라 / 우리 애인은 올드미스 서비스가 이만저만 / 춥지 않느냐 뭐 먹겠느냐 털어주고 닦아주고 오 땡큐

— 최희준 「우리 애인은 올드미스」(1962, 손석우 작사·작곡)

가사만 봐도 왜 그 기사에서 그토록 비판했는지 감이 잡히지요? 「노란 샤쓰의 사나이」에서와 같은 새로운 음악에 솔직한 연애감정까지 더해져 불편한 분이니, 남자가 여자에게 쩔쩔매는 이런 연애 풍경이 기분 좋을 리가 없습니다. 여자는 자기 욕망에 충실하여 남자에게 솔직하게 히스테리도

부리고 질투 감정도 노출합니다. 그 앞에서 남자는 쩔쩔매고 있고요. 그리고 이런 새로운 연애 풍경을 '올드미스', '히스테리', '오 헬프 미' 등의 '콩글리시'에 토막 영어까지 뒤섞어 노래합니다. 아마 당시 청소년과 젊은이들에게는 이런 요소가 멋지게 보였을지도 모르겠습니다만, 서른 넘긴 남자들이라면 못마땅해서 혀를 끌끌 찼을 겁니다. 그러니 「노란 샤쓰의 사나이」보다 더 욕을 먹고 있는 거지요.

## 「노란 샤쓰⋯」가 국제적으로 먹힌다니⋯

하지만 이렇게 과도하게 영어를 쓰는 등의 노래가 아니라면, 「노란 샤쓰의 사나이」 정도의 스탠더드팝이 1960년대에 그리 심하게 공개적인 비판을 당하고 있는 것처럼 보이지는 않습니다. 오히려 「노란 샤쓰의 사나이」를 필두로 한 스탠더드팝이 지닌 세계적인 호소력은 종종 자랑거리로 등장하고 합니다.

"노란 샤쓰 입은 말 없는 그 사람이⋯" 들어간 흥거운 유행가 「노란 샤쓰 입은 사나이」가 서울에 왔던 외국인들로 인해 국제적으로 유행하게 되었다. 16일 밤 '아시아영화제' 폐막식에서 비율빈 여우 '올리

비에 세니잘' 양이 이 노래를 불러 만장의 박수갈채를 받았는데 일본 신문인 대표 9명은 모두 '레코드' 한 장씩을 귀국 선물로 사가지고 돌아갔다. 이들 중 동경신문 논설위원 '가사이' 씨는 어느 새에 배웠는지 발음도 정확하게 이 노래를 불러 주위 사람을 감탄케 했다—. 아무튼 「신라의 달밤」 이래 최고 판매성적을 올린 이 노래가 국제적으로 유행된다니 옆 사람도 "어쩐지 마음이 좋아!"—

— (미상), 「돋보기」, 『경향신문』 1962.5.20.

「노란 샤쓰 입은 사나이」가 '와세다' 축구단에서 대인기.

22일 고대 '팀'과의 마지막 시합에서 이긴 '와세다' '팀'은 관중들을 헤치며 나오는 행진에서 유명한 교가 대신 '노란 샤쓰'를 제창하여 박수를 받았다. 23일 '아스토리아 호텔'에서 열린 환송 '파티'에서는 이 노래의 작곡자 손석우 씨와 가수 한명숙 양 등이 나타나 '와세다' '팀'과 '노란 샤쓰'를 '콜라스'하였고 손석우 씨가 선물한 동 '레코드'를 받고 단원들은 사뭇 기쁜 표정—.

지난번 '아시아영화제' 이래 연달아 '노란 샤쓰'가 일본에 수출되는가 보다. 한때 거센 현해탄의 파도를 넘고 일본 노래가 스며드는 통에 골치를 앓게 한 일이 있다. 노래란 것은 결코 억지로는 못 부르는 것. 또한 강제로 부르지 말래도 마음대로 되지 않는 것인지 이른바 '왜색 가요단속'의 표어도 그리 실효를 거두지는 못한 것 같다. 이번에 '노란 샤쓰'가 일본으로 수출되는 경향은 이제 우리 대중가요도 정말 대중의 입맛에 당기는 '품질'이 나왔나보다는 한 가닥 희망이 생긴다. 멋있는 노래들이 많이 나와서 일본뿐만 아니라 세계 각국에 수출될 날이 어서 왔으면… 좋으랴….

─H, 「유행가 수출」, 『동아일보』 1962.7.26.

1962년 5월 한국에서 열린 아시아영화제 폐막식에서 필리핀 가수에 의해 불리고, 축구경기를 하러 온 와세다대학 학생들에 의해 합창으로 불린 사실을, 자랑스럽고 기쁘게 보도한 기사입니다. 2000년대에도 《겨울연가》 같은 드라마가 일본에서 인기를 끄는 '한류' 현상에 국민이 흥분하며 기뻐했는데, 이 시대는 오죽했겠습니까? 일본의 일제강점기로 일본 대중가요를 계속 수입해 왔다는 자격지심이 이런 감격의 원인이겠지요. 그러니 이제 「노란 샤쓰의 사나이」는 욕할 수 없는 노래가 되기 시작했습니다. 아무리 이 노래가 마음에 들지 않는 중년들이라 할지라도, 이런 노래가 '국제적으로 먹힌다'는 생각을 하게 되면 자신의 취향 정도는 과감히 접게 되었겠지요.

《겨울연가》 이야기가 나왔으니 말이지, 사실 우리는 '해외 반응'에 지나치게 민감한 감이 있습니다. 우리 사회에서 벌어진 부조리에 대해서 '부당한 것이다'라고 말하기보다는 '국제적으로 망신이다'라고 말하는 것이 여론을 더 효과적으로 움직이는 경우가 많지요. 드라마《겨울연가》에 대한 여론도 비슷합니다. 2000년에 드라마《가을동화》가 큰 인기를 끈 바로 다음 해에 엇비슷한 분위기의 불치병 소재 드라마인《겨울연가》가 나왔습니다. 인기가 높았던 것은 사실이지만, 사실《가을동화》를 재미있게 본 국내 팬들은《겨울연가》에 대해 '또 불치병이냐?'는 불만도 많이 갖고 있었습니다. 뒤이어 온갖 암 걸린 젊은 주인공들이 줄줄이 설정되는 드라마들에는 더욱 식상하다는 반응을 보였고요.

그런데 이 드라마가 해외에, 그것도 중국이 아닌 한국 드라마들이 수십 년 동안 영향을 받아 오던 일본에 수출되어 '욘사마 열풍'을 일으킨다는 소식이 들려왔습니다. 그 이후에는《겨울연가》가 뻔한 불치병 드라마라고 비판하던 사람들도 비판을 자제하기 시작했지요. '국제적으로 먹힌다'는데 괜히 우리 것을 비하하며 까탈을 부리는 사람처럼 보이기 싫어서였을 겁니다. 여론에 자기 취향과 판단을 꺾은 것이죠.

아마 「노란 샤쓰의 사나이」에 대해서도 그랬을 겁니다. 분명 당시 30, 40대들의 태반은 이 노래의 미국적 질감이 불편했을 테고, 그에 비해 1930년대부터 1950년대까지 인기를 모았던 남인수, 이난영, 손인호, 박재홍의 트로트가 훨씬 정겹고 감동스럽게 받아들여졌을 겁니다. 하지만 우리가 늘 부러워하던 '잘사는 나라들'(당시 필리핀은 우리보다 훨씬 잘사는 나라였답니다)에서 인정하는 취향이라고 생각하면, 일단 자기 취향을 접고 존중하는 태도를 취할 수밖에 없었겠지요. '혹시 내가 시대에 뒤떨어진 것이 아닐까' 하는 생각도 가졌을 수 있습니다.

## 근대적이되 퇴폐적이지 않은 스탠더드팝

게다가 「노란 샤쓰의 사나이」 같은 1960년대를 주도하던 스탠더드팝은 1950년대에 유행하던 라틴음악 계열의 춤바람 느낌도 별로 강하지 않았습니다. 손석우 작곡의 작품들은 「나 하나의 사랑」(1955), 「청실홍실」(1956)부터 「노란 샤쓰의 사나이」와 「우리 애인은 올드미스」 등에 이르는 노래들이 모두 꽤 단정하고 깔끔하게 만들어진 백인 질감의 노래들입니다. 즉 골반 흔드는 육체적 느낌의 스윙재즈·라틴음악과는 다르다는 거지요. 1950년대에는 이런 노래들이 그리 대세를 이루지 못했는데, 1960년대로 들어서면서 판세가 달라졌습니다.

1960년 최초의 시민혁명인 4·19와 뒤를 이은 군사정변 5·16은 1950년대의 춤바람을 '사회 부조리'로 인식했습니다. 따라서 미국으로 대표되는 자유와 근대라는 가치는 받아들이되, 허영과 퇴폐의 질감은 배제해야 했던 것이죠. 바로 이런 여론에 딱 들어맞는 것이 손석우의 노래였습니다. 대중들이 1960년대 초 수많은 미국풍의 노래 중에서 손석우의 작품들을 선택한 사회심리는 바로 이것이었던 거죠.

트로트처럼 눈물 짜기도 아니고, 맘보처럼 춤바람도 아니고, 그러면서도 미국으로 대표되는 서양 백인들의 근대적 질감을 지닌 노래, 그게 바로 미국 스탠더드팝의 영향을 받은 노래들이었습니다. 이렇게 1960년대 초반, 우리 대중가요의 대세는 미국식 스탠더드팝으로 기울고 있었습니다.

# 6장
# 세대 간 취향 갈등이
# 완화되는 시기, 1960년대

## 스탠더드팝의 시대

앞 장에서 「노란 샤쓰의 사나이」에 대한 양면적인 여론을 살펴보았습니다. 신문의 여론이란 '대도시 중장년 남성 고학력자의 생각과 취향'이 주도하게 마련입니다. 물론 신문이란 독자들의 관심사를 민감하게 반영하고, 다른 신문보다 관심을 더 받기 위해 더 자극적이고 선정적인 방향으로 기사를 발굴하고 작성하기도 합니다. 하지만 이런 경우에도 '대도시 중장년 남성 고학력자의 생각과 취향'을 건강하고 상식적이며 교양 있는 것으로 인정하고, 이에 근거하여 적절한 타협과 포장을 하게 마련이지요. 「노란 샤쓰의 사나이」에 대한 신문의 여론은 한편으로 트로트를 좋아할 것이 분명한 중장년 남성의 취향과 반대되는 젊은이들의 미국식 취향이지만, 그것이 근대적인 것이고 국제적인 것이라면 받아들여 줄 수 있다는 것이었습니다. 그럼으로써 스탠더드팝은 1960년대 한국 대중가요계의 주류를 차지하게 된 것이라고 할 수 있습니다.

결국 이렇게 해서 1960년대 대중가요는 젊은 취향과 중장년 여론주도층의 취향이 그럭저럭 화합하는 현상을 보이게 되었습니다. 1930년대 중반이 청소년 취향의 새로운 양식인 트로트를 중심으로 세대 간 취향 갈등이 격했던 시기였고, 1950년대 후반에 그런 세대 간 취향 갈등이 살짝 재연되는가 싶었는데, 1960년대 초에 정치적 격변을 거치면서 다시 세대 간 취향 갈등이 완화되는 시대는 접어들게 되는 것이지요.

세대 간 취향 갈등이 완화되는 시기의 중심은 바로 스탠더드팝입니다. 그리고 1950년대 춤바람을 동반한 라틴음악에 비해 미국 백인 취향의 음악인 스탠더드팝은 여론주도층의 거부감이 상대적으로 덜한 양식이었다고 할 수 있습니다. 또한 이런 현상은 오랜 역사를 지니고 있습니다.

다시 말하지만 1960년대의 기성세대는 일제강점기의 트로트를 자신의 대중가요 취향으로 삼은 사람들입니다. 그런데도 1950년대 말에 새롭게 부상하여 1960년대에 주도적 양식으로 자리 잡은 스탠더드팝에 대해서 비교적 포용적 태도를 보이며, 심지어 자신들 세대의 취향인 트로트에 비해 스탠더드팝 부류의 노래들이 더 바람직한 노래라는 의견을 드러내 보인다는 점이 주목할 만한 대목입니다. 여기서 음악문화의 특성을 좀 더 따져 봅시다.

## 젊지만 아주 낯설지는 않은 음악

스탠더드팝이 인기를 얻은 것은 1950년대 중후반 「청실홍실」(조남사 작사, 손석우 작곡, 1956), 「나 하나의 사랑」(손석우 작사·작곡, 1955) 같은 작품을 계기로 해서입니다. 그리고 1961년 「노란 샤쓰의 사나이」 등으로 트로트를 제치고 1960년대의 주류로 올라섭니다. 하지만 이때에도 스탠더드팝이 그다지 낯선 음악은 아니었다는 점에 주목할 필요가 있습니다.

1960년대 우리 대중가요에서 스탠더드팝이라 칭할 만한 작품을 살펴보면 흑인음악이나 라틴음악의 요소를 쓰는 작품이 적지 않습니다. 1964년 「맨발의 청춘」만 해도 그런 노래이니까요. 그럼에도 불구하고 스탠더드팝 양식은 서양 근대음악의 기본 어법인 7음계와 3화음, 단정한 리듬을 기본으로 하고 있습니다. 크게 보아서 근대 백인들의 음악의 범주에서 벗어나지 않는다고 보이는 거죠. 사실 이봉조 작곡 「맨발의 청춘」을 부른 가수 최희준은 바로 그전에 작곡가 손석우가 키운 '손석우 사단'의 가수였습니다. 그는 미국 흑인 가수 냇 킹 콜(Nat King Cole)과 아주 비슷한 음색을 지니고 있어 '한국의 냇 킹 콜'이라 불렸죠.

그런데 냇 킹 콜이야말로 흑인 가수로 백인 취향에 잘 맞는 노래를 불러 세계적 명성을 얻을 수 있었습니다. 최희준의 노래 중 「내 사랑 쥬리안」, 「우리 애인은 올드미스」 등은 완전히 백인 음악이며, 스윙 재즈의 요소가 깃든 「맨발의 청춘」 등도 재즈적 요소는 아주 살짝만 들어가 있어, 백인 음악의 취향에 크게 거스르지 않을 정도라고 볼 수 있습니다. 결국 1960년대 스탠더드팝의 기본은 서양 근대음악의 기본 어법에 충실한 노래들이라 말해도 크게 어긋나지 않습니다.

이런 서양 근대음악의 기본 어법은 우리의 전통음악과는 매우 이질적이었습니다. 그래서 19세기 말 선교사와 20세기 초 일본인 교육자들에 의해 이입되고 토착화되기에는 꽤 긴 시간이 걸렸을 것으로 보입니다. 1920년대 홍난파 시대에 들어서서야 우리나라 사람이 이런 노래를, 그것도 아주 단순한 형태의 「봉선화」, 「반달」 같은 곡을 작곡하기 시작하니까요.

이 음악어법은 20세기 들어서서 수십 년 동안 지속적으로 교육되었습니다. 유행을 타는 음악이 아니었다는 거지요. 게다가 이를 유포한 곳이 학교와 교회 등 비상업적이며 공공적 이해를 반영하는 기관들이었다는 점을 주목해야 합니다. 학교에서 가르친 창가나 동요, 교회에서 가르친 찬송가 같은 것이 이런 음악어법의 노래였으니까요. 그리고 이를 거치면서 일본이나 미국의 고등교육기관에 유학하여 배워 온 해외유학파 지식인들이 이런 음악의 전문가가 되었습니다.

많이 배우고 멋져 보이는 사람들은 모두 이런 음악을 구사할 줄 알았고, 다시 제도권 안에서 공식적으로 재생산되었으니 사람들은 이 음악 어법을 배우는 것이 교양과 근대성, 선진적 문화를 갖추는 길이라 생각했을 겁니다. 그래서 1960년대에 40대의 중년이라고 하더라도 중등교육이나 고등교육을 받은 고학력자라면 당연히 스탠더드팝 스타일의 음악은 그리 낯설지 않고 '교양 있는' 음악이라고 생각했을 겁니다. 오랫동안 학교나 교회에서 만나 왔던 음악과 크게 다르지 않으니까요.


## 건전하고 근대적인 음악으로 인정된 스탠더드팝

이렇게 스탠더드팝은 오로지 상업적 영역에서만 존재해 온 트로트 양식과 달리 건전한 음악이라는 인상을 줄 수 있었습니다. 실제로 1950년대 후반 이후 정부나 방송국 등을 통해 유포된 '건전한' 노래를 살펴보면 이런 음악의 위상을 잘 알 수 있지요. 1950년대 황문평 작곡의 「꽃 중의 꽃」, 손석우 작곡의 「소녀의 꿈」을 비롯하여 1960년대의 길옥윤 작곡의 「서울의 찬가」를 거쳐 1980년대 김재일 작곡 「아 대한민국」에 이르기까지 모두 스탠더드팝 노래였으니까요.

물론 예외도 있습니다. 극단적인 권위주의의 시대인 유신 시대를 대표하던 1970년대의 「나의 조국」은 트로트의 단조 5음계를 썼습니다. 명백히 일본 엔카 스타일의 선율이고 충분히 '왜색' 시비의 대상이 될 수 있었지만 그런 현상은 나타나지 않았습니다. 오히려 애국가에 버금가는 권위를 가졌지요. 박정희 대통령이 작사·작곡한 노래였기 때문일 겁니다. 이 같은 시기 엇비슷한 권위를 지닌 「새마을노래」는 계몽적 창가 분위기의 장조5음계 선율입니다. 1960년대까지 대중가요계에서 내놓은 건전가요들에 비해 '올드패션'의 음악입니다. 그러나 이 역시 박정희 대통령이 작사·작곡한 노래로 전 국민에게 가르쳐지고 방송에서 매일 몇 번씩 방송되었습니다.

1950년대 후반 이후 건전한 대중가요가 모두 스탠더드팝 양식이란 점은 흥미롭습니다. 일제강점기에는 건전한 대중가요가 '조선색' 넘치는 민요풍의 노래였고, 일제 말의 군국가요 시대에는 「지원병의 어머니」처럼 과장된 비극성을 지닌 단조 트로트의 음악들이 그 지위를 차지하기도 했습니다. 그런데 미국 대중음악의 영향을 강하게 받게 된 1950년대부터는 이런 음악들이 후면으로 물러나고 건전한 노래는 서양식 스탠더드팝 양식으로 귀결되고 있음을 확인할 수 있습니다. 이는 이 시기 건전한 노래의 지향으로 '클래식'에 가까운 음악, '홈 송'을 거론하고 있다는 것에서도 느낄 수 있습니다.


이호로(가요평론가) 씨는 "좋은 가수와 작곡가가 더 많이 나와야 한다"고 말한다. 연예협회의 창작분과에는 50명의 작곡가 회원이 있으나 그중 유능한 이는 10여 명에 불과하다고 한 작곡가가 말했다. 이씨는 또한 "대중과 영합해서 가요의 수준을 내리는 일과 저속한 것과는 다르다"고 전제하고 '클래식'을 하는 작곡가나 성악가들이 대중가요에도 손댄다면 훨씬 가요계가 발전할 것이라고 했다. 손목인 (작곡가) 씨는 음악적인 교양 부족을 자인하면서 "가요계에도 음악대학 같은 데서 정통 교육을 받은 사람들이 더 많이 나와야 한다"고 지적했다. (중략)

이 씨는 앞으로 가요의 방향을 '홈 송'이 중심이 되도록 해야 할 것이라고 했다. 그 이유는 중고교의 학생이나 가족들이 같이 부를 수 있도록 되어야겠다는 것이다.

— (미상), 「우리에 맞는 대중가요의 방향」, 『경향신문』 1963.3.8.


'클래식' 음악인들이 참여하는 대중가요, 중고교 학생들이나 가족들이 함께 부르는 노래가 대중가요의 바람직한 발전방향이라고 보는 이런 견해들을 종합해 보면 대강 어떤 노래가 될지 그림이 그려지지요? 서양 근대 본격음악*, 학교에서 중고교 학생에게 가르치는 음악과 가장 비슷한 음악인 스탠더드팝 양식의 노래가 트로트나 라틴음악, 로큰롤 같은 음악에 비해 훨씬 건전하고 바람직한 음악이라는 판단을 갖고 있음을 감지할 수 있습니다.

---

\* 본격음악 용어에 대해서는 머리말 앞의 8페이지 〈일러두기〉를 참고하시길 바랍니다.

정리하자면 1960년대 대중가요의 주류 양식인 스탠더드
팝은 청소년과 젊은이들이 좋아하는 새로운 양식인 동시에
중장년(특히 여론주도층인 대도시 고학력 중산층 이상의)들도 선호
할 만한 양식이었습니다. 그래서 1960년대 스탠더드팝은
상대적으로 세대 갈등을 덜 야기하는 양식이었던 것입니다.

## 7장

# 트로트가 마음을 울리지만
# 왜색이라니, 쩝!

**술자리에서 일본 유행가를 불렀는데 하필 광복절?**

1960년대 새로운 주류 양식인 스탠더드팝이 어른들에게
도 그리 낯설지 않은 음악, 서양 '클래식'과 가장 흡사한 음
악, 그래서 근대적이고 교양 있는 음악이라고 받아들여졌을
것이라는 설명을 했습니다. 그래서 스탠더드팝을 중심으로
젊은이와 중장년이 세대 간 취향의 화합을 할 수 있었을 것
이고요.

그런데 당시의 여론주도층인 대도시 중장년 남성들이 스
탠더드팝을 선호하거나 용인한 데에는 또 한 가지 중요한
이유가 있다고 보입니다. 그것은 이전까지 수십 년 동안 한
국대중가요사에서 가장 중심적인 양식으로 자리해 온 트로

트가 명분상으로는 이래저래 궁지에 몰렸던 시기였다는 점입니다.

1960년대의 기사에는 트로트에 대한 '왜색성' 비판이 많습니다. 그만큼 여론에서 트로트에 대한 반감이 크다는 이야기입니다. 하지만 그 반감이란 다분히 '당위적'이었다고 보입니다. 물론 중장년 남성들 중에도 정말 소수의 사람은 트로트를 싫어하는 사람들이 있었을 겁니다. 이들은 이른 바 '클래식'이라 불리는 서양 본격음악 취향을 가진 사람들이며, 아마 대부분 대중가요를 저속하다고 여기는 사람들일 겁니다. 이런 극소수의 사람을 제외한 대부분의 중장년 남성들이 트로트 취향을 지니고 있었을 것으로 생각됩니다. 1960년대에 40대는 1920년대에 태어나 트로트가 정착하는 1930년대에 청소년기를 보낸 사람들이니까요.

그런데 이들은 자신의 호불호 여부와 별개로 트로트가 명분상 떳떳하지 못하다는 당위적이고 이성적인 판단을 하고 있었습니다. 이는 꽤 중요한 대목입니다.

어제 광복절엔 두어 가지 불쾌한 이야기가 뜻있는 사람들을 분개케 했다. 그 하나는 재일교포 학생들이 일본 청년들에게 자주 업신여기는 '몰매'를 얻어맞고 있다는 신문보도, 또 하나는 이날 시내 어떤

'호텔'의 '나이트클럽'에선 일본 노래로 엮어진 요란스러운 합창이 있었다는 사실이다. 앞서 것은 지나친 한일친선에 우리에게 맹성(猛省)할 자료이며, 뒤의 것은 친일파들에게 주는 크나큰 경종이다. (중략)

다음엔, 나라 안에서 우리들의 '회일열(懷日熱)'이 지금 한창 성해 가는 경향이다. 밖에선 우리 거류 학생들이 그토록 경시와 학대를 받는다는 판국―더구나 일본에의 적원(積怨)을 한 해 한 번쯤이라도 되새겨야 할 광복절에 하필이면 일본 노래를 고창할 필요가 어디 있느냐는 것이다. 그처럼 무지몰각한 위인들이 있음으로써, 저들에게 나라를 얕잡고 겨레를 깔보이게 하는 것은 필연한 결과다. 몇 해 전 3·1절 바로 그 날, 어느 대포집에서 술꾼들이 일본유행가를 떠들며 부르던 일당 가운데엔 어떤 정복한 공무원까지 끼인 해괴스러웠던 꼴이 생각난다. 그때에도 '횡설수설' 붓의 노염을 산 일이 있었지만, 이번 광복절에도 그와 비슷한 추태가 이른바 문화인 계열에서 또 있었다는 것은 민족의 이름으로 성토를 받아 마땅하다. (하략)

― (미상), 「횡설수설」, 『동아일보』 1963.8.16.


1960년대 초는 일제강점기 상태에서 벗어난 지 20년도 채 안된 시기였지요. 게다가 박정희 정권의 한일수교 문제가 초미의 관심사로 떠올라 일본 관련 문제들에 여론이 민감해져 있던 때였습니다. 이미 1950년대부터 이른바 '클래식' 음악인을 중심으로 한 문화 엘리트들은 '왜색 유행가'와 '재즈'를 지목하여 몰아내야 한다는 주장을 계속하고 있었죠. 그런데 1960년대에 들어서서 미국식 대중음악이 주류로 안착한 이후에는 재즈 등 미국식 대중음악에 대한 비판이 줄어들면서 트로트에 대한 비판만 남은 상태였습니다.

이 시대 엘리트들은 개인적 호불호와 무관하게 대중예술이 본격예술에 비해 그리 건강하거나 우수한 예술이 아니라는 통념을 일반적으로 갖고 있었고(사실 이런 태도는 1980년대까지도 마찬가지였습니다. 대중예술에 대한 일반론은 늘 '대중예술을 지지하느냐 반대하느냐'의 찬반론에 매몰되었으니까요), 대중가요에 대해서도 비판적 태도를 보이는 것이 일반적이었습니다. 그런데 1960년대의 상황이 이러하니 이들의 비판적 태도는 트로트를 집중적으로 겨냥하게 될 수밖에 없었습니다. 이미 재즈는 스탠더드팝과 결합하여 근대적이고 세련된 음악으로 받아들여지고 있던 차였으니까요.

그에 비해 트로트는 일제강점기의 문화적 잔재임이 분명합니다. 게다가 그 시기에 성장한 세대들은 약간만 긴장을 늦추면 자신이 좋아했던 추억의 일본 대중가요를 불렀겠지요.(이는 인간적으로 충분히 이해가 됩니다. 아무리 굴욕적인 시대라 할

지라도 누구에게나 자신의 젊은 시절의 추억을 불러일으키는 옛 노래
는 애틋한 법이니까요.) 더욱이 긴장이 느슨해진 공휴일 술자리
에서 이런 노래가 흘러나올 가능성이 큽니다. 그런데 그 공
휴일이 하필 삼일절과 광복절이라면 얘기가 달라지겠지요.
당연히 비판받아 마땅한 짓이 되고 신문에까지 오르내리는
사건이 되었습니다.


## 일제잔재, 트로트 그리고 한일수교

이때는 박정희 정권이 일본과의 국교정상화를 추진하기
시작한 때였습니다. 그 바람을 타고 일본의 대중소설, 대중
가요 등이 음으로 양으로 쏟아져 들어왔고, 창작자들도 이
런 일본 작품에 영향을 많이 받게 되었습니다. 어떻게 이럴
수 있느냐고 흥분할 일만은 아닙니다. 우리나라 사람들이
'일본은 싫어하면서 일제 물건은 좋아한다'는 말이 진리이
던 시절이 있었죠. 일제강점기 경험으로 인해 민족 감정이
야 나쁘지만, 우리보다 품질과 디자인이 우수한 일제 물건
은 당연히 가지고 싶지요. 이른바 '선진국'의 예술문화를 빨
리 받아들였고, 생산과 소비의 규모와 질이 우리와 비교할
바가 아닌 일본의 대중예술에 대해서도 대중이 호기심 어

린 관심을 가졌습니다.

1964년에 이미자의 「동백 아가씨」(한산도 작사, 백영호 작곡)가 나왔습니다. 1960년대 초에 손석우 등의 스탠더드팝에 밀려 주춤거렸던 트로트는 이 노래를 계기로 다시 새로운 인기몰이를 하는 현상이 나타났습니다. 배호, 조미미, 남진, 나훈아 등으로 이어지면서 1970년대 초까지 트로트는 르네상스 현상을 보이게 됩니다. 대중들에게는 트로트가 익숙한 음악이었지만, 엘리트들에게는 이래저래 비판의 대상이 되었고, 인기가 오를수록 '왜색' 시비도 가열되었습니다. 결국 「동백 아가씨」를 비롯한 꽤 많은 작품이 '왜색'을 이유로 방송금지, 음반금지의 조치를 당하게 됩니다.

## 트로트 취향의 중년세대가 왜 스탠더드팝을 용인했나

저는 「동백 아가씨」를 왜색이라 비판하거나 금지 조치를 내리는 데에 일조한 사람들 상당수가 일제강점기에 트로트를 꽤 좋아하였을 것이라 확신합니다. 당시 신문의 칼럼에는 남인수의 타계 소식이나 백년설의 은퇴 소식에 옛 트로트에 가요에 대한 애정을 드러내는 글들이 꽤 있습니다. 다음의 글들은 1960년대에 40대의 고학력자일 것이 분명한 사람이 쓴 기사입니다. 당시 젊은이들의 새로운 취향에 밀려 자신들이 좋아한 트로트와 신파적 취향이 무시당하고 사라져 가는 것에 대한 진한 아쉬움과 섭섭함을 풍겨 내고 있지요. 느낌을 읽어 내야 하니, 좀 길게 인용해 보겠습니다.

영화평에 '멜러드라마'라는 딱지가 붙으면 치명적이다. 연극도 신파 냄새가 풍긴다고 하면 예술의 가치가 의심된다는 말이다. 노래도 유행가조(調)라고 하면 음악의 축에 못 든다는 뜻과 다를 것이 없다. '신성한 교육자'가 '대동강아 잘 있거라'를 불렀다가 봉변을 당했다는 것도 '대동강' 노래가 유행가이기 때문이라고 들은 것 같다. 남인수 씨가 별세했다는 '뉴스'가 어쩐지 신문에서 푸대접 받고 있는 듯한 감을 주는 것도 그가 한낱 유행가수였기 때문인지도 모른다. (중략)

'홍도야 울지마라 오빠가 있다' 옛 시절에 부르던 이 노래가 교실에서 배우던 '창가'보다 마음에 들었다. 《사랑에 속고 돈에 울고》이름부터 신파 냄새가 풍기는 연극이었지만 '홍도야 울지마라'는 노래를 들으며 관객은 곧잘 눈물을 흘렸다. '운다고 옛 사랑이 오리요마는' 중학시절에 애창하던 남인수의 노래였다. '기적도 목이 메어 소리 높여 우는구나' 수복 서울로 돌아가는 파난민들의 심금을 울려 주던 「이별의 부산정거장」도 대중의 가슴 속엔 남인수의 이름과 함께 잊을 수 없다. 인간 남인수 씨는 '씨'를 붙이는 것보다 그냥 남인수라고 부르는 것이 더 자연스럽다. 그만큼 그는 대중의 남인수가 되어 있었다. 이제 그의 육성을 못 듣게 된 것이 안타깝다.

— (미상), 「여적」, 『경향신문』 1962.6.27.

고복수, 김정구, 남인수, 백년설. 20대에게는 모두 낯선 사람들이다. 그러나 40이 넘은 중년에게는 향수와 함께 기억에 되살아나는 이름들이다. 벌써 아득한 일제시대의 이야기가 되었다. 저녁놀이 질 무렵 어디선가 멀리 청년의 가슴에서 흘러나오던 그 '멜러디'— 어쩐지 애수에 젖은 가요였다. (중략)

그러나 시대의 바뀜과 함께 이들의 이름이나 '멜러디'도 점점 사람의 입에서 멀어져가는 듯하다. 애수에 젖은 영탄조가 이미 오늘의 20대에겐 환영받지 못하는 '멜러디'인 때문일까. 남인수는 죽고 고복수는 벌써 은퇴했고 이제 백년설마저 무대를 물러선다는 이야기다. 어쩐지 섭섭한 소식이다. 이것도 시대의 막을 수 없는 조류인지 모르겠다. 옛날은 지금처럼 명곡이 유행되지는 않았다. 대학생이면 누구나 명곡쯤 감상할 줄 아는 교양을 지닌 것이 지금 학생이다. 명곡이 아니더라도 요란히 떠드는 '재즈'곡에 어깨와 엉덩이를 흔들 줄 아는 감각파인 것이 지금 학생이다. 그만큼 음악이 대중화했다는 것이 오늘의 장점인지도 모른다. 그러나 각모(角帽)를 쓴 대학생도 모두 '유행가'를 애창한 것이 옛날이었다. 유치 때문이었다고 하면 그만이다. 하지만 누구의 가슴에도 심금을 울려 준 것이 그때의 유행가였던 것 같다. (중략)

향수를 노래한 가수들이 하나둘 사라져 가고 있다. 억센 '재즈'에 쫓겨가는 것만 같다. '재즈'의 굉음이 요란할수록 백년설이 떠난다는 소식이 더욱 가슴 아프게 들린다.

— (미상), 「여적」, 『경향신문』 1963.6.17.

일제강점기 말 최고의 두 가수인 남인수와 백년설의 타계와 은퇴를 접하고 쓴 글이니만큼 추억과 회한이 짙게 깔렸습니다. 트로트를 왜색이라고 거센 비판을 하는 논조와는 사뭇 대조적이어서 흥미롭습니다. 즉 명분상 트로트는 왜색 가요이므로 그리 바람직한 노래가 아니지만, 40대들의 마음을 울리는 노래였음은 분명해 보입니다.

위의 기사를 다시 꼼꼼히 읽어 봅시다. 당시 예술문화에 대한 여러 정보를 담고 있어 꽤 흥미롭습니다. 첫째, 우선 일제강점기에 이 노래들이 중학생부터 대학생까지 청소년들에게 아주 큰 인기를 끌었다는 점이 확인되고요. 둘째, 1960년대의 젊은이들은 신파적인 애수와 영탄으로 뒤범벅

된 트로트의 선율을 별로 좋아하지 않고 미국식 대중음악으로 취향이 바뀌었으며, 트로트를 낡은 것으로 취급하고 있다는 점도 확인됩니다. 그리고 또 하나, 일제강점기의 대학생들에 비해 1960년대의 대학생들이 이른바 '클래식'이라 불리는 본격음악에 대한 소양이 훨씬 풍부하다는 점을 알려 주고 있습니다. 그리고 그런 요즘 젊은이들이 일제강점기 세대보다 훨씬 우월한 취향을 지녔다는 것도 인정하는 듯합니다.

그러니 대도시의 중장년 고학력 남성이 중심이 된 여론주도층은 트로트가 정말 마음에 들고 좋지만, 그런데도 요즘 젊은이들의 취향에 비해 떳떳하게 주장하기 힘든 노래라고 어쩔 수 없이 인정하는 셈입니다. 머리와 가슴이 트로트의 '왜색성' 비판과 트로트에 대한 아련한 추억으로 서로 충돌하지만, 이성적으로는 명분을 선택할 수밖에 없었던 이 시대 여론주도층들의 모습이 그려집니다.

본격음악계의 유명한 작곡가인 나운영도 당시 대중가요의 팔 할이 '왜색'이라고 비판하며 '왜색가요'는 방송뿐 아니라 레코드 제작까지 못 하게 해야 한다고 주장하는 글을 쓰고 있습니다. 그 글에서도 왜색인 트로트를 일반 대중뿐 아니라 교양인들도 애창하고 있다고 지적하고 있습니다. (나운영, 「한국을 찾자 14-한국의 가요」, 『매일경제』 1967.9.8.) 트로트가 결코 시골의 저학력자, 노인들이나 좋아하는 취향이 아니라 1930년대는 물론 1960년대까지만 해도 중장년의 고학력자들까지 널리 좋아하는 노래였다는 것이지요. 그러면서도 명분상으로는 트로트의 일본색이 문제라고 비판하는 여론이 우세한 시대가 1960년대였던 거죠.

## 명분상 우위를 점한 청소년의 취향

사정이 이러하니 1960년대는 결국 세대 간 취향 갈등이 완화될 수밖에 없었습니다. 기성세대가 청소년들의 취향이 마음에 들지 않고 자신의 취향이 낡은 것으로 치부되는 것이 섭섭하면서도 청소년들의 새로운 취향을 당당하게 욕할 수 없었기 때문입니다.

어차피 대중가요 취향의 큰 흐름은 청소년 중심으로 흘러갈 수밖에 없습니다. 그런데 그 대세를 못마땅해 하는 기성세대가 자기네 취향을 고집하며 청소년의 취향을 욕하고 비판하면 그때부터 세대 간의 취향 갈등이 격화되기 시작하는 거지요. 그런데 어른들이 명분상 이렇게 주눅 들어 있으니 세대 간의 취향 갈등은 그리 심해지지 않은 채 대강 봉합된 겁니다. 이렇게 1960년대가 지나가면, 다시 세대 간의 취향 갈등이 격화되는 시대를 맞게 됩니다. 바로 1970년대 청년문화 시대입니다.

## 8장
# 청년문화로
# 세대 갈등 대폭발

1970년대 초가 세대 간의 대중가요 취향 갈등이 격심한 시대라는 것은 잘 알려진 사실입니다. 통기타, 포크송, 장발, 청바지, 생맥주 등은 1970년대 청년문화와 함께 붙어 있는 가장 기본적인 연관어(聯關語)죠. 길거리에서 경찰이 장발과 미니스커트를 단속하고, 젊은이들이 좋아하는 포크송들을 말도 안 되는 이유를 붙여 금지곡으로 만들었다는 것 등의 이야기는 이미 상식이 된 지 오래입니다. 그래서 1970년대 초가 대중가요 취향의 세대 간 갈등이란 점에서 매우 중요한 시기임이 분명하지만, 이미 알려진 이야기를 길게 반복하는 것은 불필요해 보입니다. 이 책에서까지 '그땐 그랬지' 식의 중년들 추억담을 되풀이할 필요는 없겠죠.

단도직입적으로 질문을 던져 보겠습니다. 당시 포크송의 선율과 리듬을 보면 스탠더드팝과 마찬가지로 서양 근대음악의 기본어법을 고스란히 따르고 있는 것이 대부분이고 가사도 상당히 얌전한 편입니다. 포크 음악은 트로트처럼 일본색인 것도 아니고, 라틴음악이나 록처럼 아프로큐반 혹은 아프로아메리칸 계열의 음악도 아닙니다. 가사도 영어를 남발하거나 춤바람을 연상시키는 것과는 거리가 멀고, 트로트에서 자주 등장하는 술집과 기생, 무책임한 마도로스의 조합 같은 것도 없으며 체념과 통곡의 과잉도 발견되지 않습니다. 말하자면 1960년대 스탠더드팝에 비해서 그리 불건강하거나 괴상한 음악이 아니라는 겁니다.

그런데도 왜 1970년대 기성세대들은 이를 받아들여 주지 못했을까요? 1960년대에 스탠더드팝은 충분히 용인했었는데 말입니다. 도대체 무슨 차이가 있었을까요? 사실 이런 의문은 단지 음악과 가사의 특성만으로는 잘 설명되지 않습니다. 뭔가 사회 전체의 기류 변화와 관련되어 있다고 보는 편이 옳지요.

## 청춘? 청년?

그래서 이 시대는 '청년문화'라는 화두를 빼놓고는 설명하기가 힘듭니다. 포크송이 조금씩 솟아오르기 시작하는 것은 조영남, 최영희 같은 아마추어 냄새를 풋풋하게 풍기는 대학생 가수가 텔레비전에 등장하여 바람을 일으키고 음악감상실 세시봉에서 트윈폴리오가 탄생하는 1968년 즈음입니다. 그러나 아직까지 '청년문화'란 말이 신문에 등장하지는 않습니다. 1969년에야 크리스찬아카데미에서 '청년문화'에 대한 토론회를 개최하고 1970년으로 넘어가면서 '청년문화'는 신문에서 다루어지기 시작합니다. 그리고 YMCA 같은 청년단체에서 토론회가 열리는 등, 첨예한 관심의 대상으로 올라옵니다. 이런 토론회나 기사 내용이 얼마나 올바르냐 하는 것을 따지기보다 더 주목해야 하는 것은, 당시 '청년문화'가 사회적으로 매우 중요한 관심거리로 부상하고 있었다는 점입니다.

청년문화라는 말은 이 시기에 처음 본격적으로 등장한 말입니다. 소년에서 장년으로 넘어가는 사이에 청년이란 늘 있었고, 어느 시대건 문화를 향유하고 살았겠지요. 하지만 그 나이 또래의 젊은이를 소년과 장년에서 따로 떼어 '청년'으로 인식하기 시작한 것은 일제강점기라고 보는 것이 일반적입니다. 열댓 살만 되면 결혼하고 스물 전에 아이를 낳던 조선 시대에 지금 우리가 떠올리는 이미지의 청년이라는 세대를 따로 설정하여 생각하기란 쉽지 않지요. 그러다 강제적 개화와 일제강점 등 급작스럽게 사회가 요동치면서 조선 시대까지의 지식과 힘이 무력해지게 되고, 중장년이 더는 세상을 버텨 주지 못하니 개화된 지식과 태도를 지닌 '소년', '청년'이라 불리는 사람들에 대한 사회적 관심과 기대가 높아졌다고 봅니다. 아직 사회의 중심은 되지 못했으나 무력하고 고루한 기성세대들에게 기대할 수 없는 그 무엇을 갖추어 가는 집단이라고 평가받기 시작한 것이지요.

그런데 대중예술 분야로 좁혀 놓고 보면 1960년대까지는 '청년'보다 '청춘'이라는 말을 더 즐겨 쓰고 있는 것을 알 수 있습니다. 일제강점기부터 영화나 소설 제목을 훑어봐도 《청춘의 십자로》, 《청춘행로》, 『청춘극장』, 이런 식입니다. 1960년대는 이 '청춘'이란 말이 최고의 유행어가 되던 시기였습니다. 일본에서 들어온 소설 『청춘교실』이 엄청난 인기를 끌고 영화화된 후, 1964년 영화 《맨발의 청춘》이 그야말로 '대박'을 터뜨립니다. 이후 이런 부류의 작품이 쏟아져 나와 지금의 연구자들은 아예 이들을 한데 모아 '청춘영화'라고 명명합니다.

청년문화 담론이 막 시작되는 시기에는 '청춘문화'라는 말을 쓰는 사람도 없지 않았던 것으로 보입니다. 1960년대 에 워낙 '청춘'이란 말이 유행했기 때문이었겠지요. 나중에 정치인이 된 당시 조선일보 논설위원 남재희는 월간지 『세대』 1969년 2월호에 청년문화에 대한 본격적인 논의를 시작하는데 이 글의 제목이 「청춘문화론」입니다. 그러나 이후 '청춘문화'란 말은 사라지고 '청년문화'로 정착합니다.

'청춘'과 '청년', 이 두 말은 비슷한 의미이지만 묘하게 어감이 다르지요. '봄처럼 젊은 나이', '이제 막 피기 시작하는 꽃봉오리 같은 나이'의 어감을 주는 말이 '청춘'이라면, '청년'은 그냥 '젊은 세대'라는 아주 건조하고 공식적인 의미만을 지니고 있습니다. '○○청년문학가협회'니 '○○청년학생연합', '○○교회 청년부'처럼 모임의 공식 명칭으로 '청년'이란 말은 쓰이지만 '청춘'은 쓰지 않지요. '○○청춘학생연합', '○○교회 청춘부', 이건 정말 이상하지 않습니까?

청춘은 청년에다가 특정 색깔과 평가를 덧붙인 말입니다. 이제 막 피어오르는 꽃봉오리이며 봄처럼 아름답고 찬란하지만, 봄처럼 곧 지나갈 것이라는 식의 느낌이 덧붙여져 있습니다. 그래서 '청춘'이란 말은 그 당사자인 청년들이 쓸 때도 회고 혹은 낭만적 태도 같은 것을 묘하게 풍깁니다. 고등학교 때 배웠던 민태원의 수필 「청춘예찬」(만연체의 난삽한 문장 때문에 모두 골머리를 앓으셨지요?)은 1894년생인 민태원이 1929년에 쓴 글로 1934년에 타계한 그의 말년에 쓰인 글입니다. 당시 30대 말의 나이면 장년도 아닌 중년의 나이지요. 즉 이제 젊음이 다 끝나 버린 나이에 젊음을 되돌아보며 찬양하는 글입니다. 한때 독자를 매료시켰던 책 제목 『아프니까 청춘이다』 역시, '젊은 시절의 고통은 누구나 다 겪고 지나가는 거야' 식의 느낌을 풍기지요.

그에 비해 '청년'이란 말의 어감은 그저 건조합니다. '그 시절은 꽃피는 봄과 같으니, 화려하지만 곧 지나갈 거야' 식의 어감이 없다는 말이지요. 그래서 오히려 당당합니다. 청년 세대는, 장년 세대, 중년 세대와 동등하게 이 사회를 구성하는 한 계층이라는 느낌을 주는 것이지요.

다소 장황해졌습니다. 요컨대 '청년문화'란 말이 등장하고 유행했다는 것은 그저 누구나 한때 겪고 지나가는 것으로 치부될 만한 젊은이의 문화가 아니라, 중장년의 문화와 동등하게 맞설 만한 그들만의 문화가 있고 그것이 꽤 의미 있게(좋은 의미이든 나쁜 의미이든 간에) 다가왔다는 것을 의미합니다. 마치 여성과 남성이 다르고, 농민과 정치인이 다른 종류의 인간이듯, 청년은 '기성세대'와 다른 사고방식과 문화를 지닌 다른 종류의 인간이라고 느껴지기 시작한 것일 수 있습니다. 그리고 '청년문화'란 말이 나오면서 20대 중반 이상의 사람들은 졸지에 '기성세대'가 되어 버리는 효과를 발휘하지요.

이 시대 10대 후반부터 20대 초반까지의 젊은이들이 어른들에게는 참 이상스럽게 보인 모양입니다. 또 이 '청년문화'라는 말을 널리 썼다는 것은 청년들 스스로도 자신들의 문화가 '기성세대'의 문화와 확실히 다르고 꽤 의미 있다고 느꼈다는 의미이기도 합니다. 드디어 이념도, 성별도, 계급도 아닌 '세대'가 1970년대 초의 중요한 화두로 등장하게 됩니다.


## '쎈' 세대가 중년이 되었다

그렇다면 이 시대, 청년과 대척점에 서 있는 기성세대의 중심은 어느 세대일까요? 우리는 청년문화를 이야기할 때, 이 대목을 별로 생각하지 않지요. 그런데 대립이란 건 어느 한쪽 때문에만 생기는 게 아닙니다. 손뼉도 마주쳐야 소리가 나는 법이니까요. 즉 청년문화가 대두하는 이 시대에 '기성세대'로 몰린 사람들은 과연 어떤 세대이며 이 시대에 어떤 특성을 보여 주고 있었을까 하는 점은 상당히 중요합니다.

1960년대에 20대를 거치면서 이제 막 20대 말과 30대가 되기 시작한 사람들일까요? 지금이야 30대를 청년이라 생각하지만, 당시만 해도 나이 서른이면 명백한 장년이며 기성세대입니다. 그러니 이들이 기성세대라 치부될 수는 있지요. 하지만 이들이 기성세대의 '중심'은 아니라고 보입니다. 이제 막 서른에 도달한 한 기자의 글을 보겠습니다.

그러나 '청년문화'는 보다 넓고 조용히, 그리고 저변층으로 집적되고 있다. 문교부 조사에 의하면 전국 20개 대학에 970개의 학생서클이 제 나름의 기호와 목표에 따라 움직이고 있으며 학생들이 판치는 다방으로부터 성직자의 세금 부과 문제를 토론하는 Y시민논단까지, 때로는 분방하고 때로는 진지한 '천의 얼굴을 가진 젊은이'들의 출입처가 확보되고 있다. 이들의 세력은 방대해서 우리나라 대중문화의 주 수요층을 이루고 있다. 신성일-엄앵란 조의 청춘영화에 이어 학사 스타가 젊은이를 고객으로 삼은 데 이어 조영남-최영희 조의 학생 가수가 인기를 모으는가 하면 DJ 최동욱의 리퀘스트 손님은 대부분 학생들이고 전혜린의 전집을 출간시킨 것도 그의 후배들이었고 바로 이들이 어떤 책을 사느냐에 따라 베스트셀러의 판도가 바뀐다.

성인문화와 아동문화의 사이에 '청년문화'는 문화창조에로도 발돋움하고 있으며 그것은 우리나라의 경우 문학과 전위예술에 두드러지고 있다. 근대문학이 일기 시작한 이후 우리나라는 특히 청년들이 그 주역을 이루어 왔으나 20대부터 60대까지 세대별로 배열된 60년대의 문학계는 작년의 '세대 논쟁'을 정점으로 '청년문화'의 한 가능성을 발견하게 된다. 새 세대의 작가들은 '문학의 인지방법'이 '감수성의 혁명'을 거침으로써 기성세대와의 구별을 선언했으며 (하략).

— 김병익(기자), 「청년문화의 태동」, 『동아일보』 1970.2.19.

기자의 이름이 아주 익숙하지요? 지금은 '문학평론가'란 직함이 더 익숙한 분, 계간지 『문학과 지성』을 이끌어 온 수장인 김병익이 기자 시절에 쓴 글입니다. 평론가 김현과 염무웅, 소설가 박태순 등이 서울대 문리대 1학년 학생으로 4·19를 겪었던 사람들이라면, 김병익은 1938년생으로 『문학과 지성』을 이끌며 4·19세대의 맏형 노릇을 하게 됩니다. (1970-80년대의 3대 문학계간지인 『창작과비평』, 『문학과 지성』, 『세계의 문학』을 모두 엇비슷한 또래가 주도했다는 것은 참 흥미롭습니다. 『창작과비평』을 창간하고 주도한 백낙청은 김병익과 동갑인 1938년생, 『세계의 문학』을 주도한 김우창은 한 살 위인 1937년생입니다.)

위의 글을 보면 김병익은 1970년대 초의 청년문화를

1960년대의 연장선상에서 살피고 있습니다. 아무래도 1970년 벽두에 쓴 글이니, 그 몇 년 전의 흐름을 함께 살필 수밖에 없겠지요. 게다가 미국의 청년문화가 1960년대에 꽃피었고 자신 역시 1960년대에 20대였던 4·19세대에 속한다는 정체성을 지니고 있다는 것 역시 중요한 이유일 겁니다. 말하자면 당시 서른 전후의 사람들은 기성세대이긴 하지만, 아직 사회 초년생 시절을 막 벗은 패기만만한 장년으로 기성세대의 '중심'은 아니었다는 겁니다.

아무래도 기성세대의 중심이란 40대일 가능성이 큽니다. 한 사회에서 중책을 맡고 여론을 주도하는 나이가 바로 이때이지요. 그런데 1960년대는 그게 좀 미묘합니다. 그때에도 분명 40대들이 있었고 그 사회의 중심이기는 했을 겁니다. 그러나 집권자들의 나이가 확 어려지다 보니 사회의 큰 흐름을 주도하는 지배적인 집단에 30대가 큰 비중을 차지하고 있습니다. 5·16 군사정변을 주도했을 때에 1917년 11월생인 박정희 소장의 나이는 만 43세입니다. 이승만 대통령이 집권 중에 팔순잔치를 치른 노인이고, 윤보선 대통령도 4·19 당시에 이미 환갑·진갑을 다 넘긴 노인이었던 것을 생각하면 아주 젊은 집권자가 나온 셈입니다.

그런데 박정희와 함께 집권한 후배 군인들의 나이는 더

어렵니다. 5·16 당시 김종필의 나이는 '꼴랑' 35세였고, 제 3공화국의 요직을 차지한 군인 출신 정치인들의 나이가 다 30대였습니다. 이승만과 윤보선이 19세기 끄트머리에 명문가 양반 집안에서 태어난 사람들이라면 5·16 세력들은 일제강점기, 그중에서도 국내의 항일운동이 쇠락하는 후반기에 소년 시절을 보내고 일제강점기 말기와 해방, 한국전쟁때 청년기를 보낸 사람들이 태반이었습니다. 대중가요사와 연관시켜 보자면 이승만과 윤보선은 시조창이 편안한 사람들이고 5·16 세력들은 모두 트로트 세대인 겁니다.

그러니 1960년대 당시에 여러 정책을 밀어붙였던 그들이 얼마나 힘 좋고 패기만만했었는지 가히 짐작됩니다. 늙어서 노회하거나 무능한 1950년대 정치인들과 달리, 이들은 당시 가장 근대적 조직체였던 학교와 군대를 통해 훈련받아 조직적, 효율적으로 움직이고 거침없이 실행하는 청년 장교들이었으니까요. 4·19세대인 소설가 김승옥은 4월 혁명 50주년을 맞는 좌담회 자리에서 '나도 1963년 선거 때 박정희를 찍었다'고 말했는데 왜 그랬는지 이해가 될 정도입니다. 4·19세대가 보기에는, 윤보선·장면으로 대표되는 '늙다리' 정치인들보다는 젊은 30-40대 젊은 군인들이 오히려 나아 보였을 수 있습니다.

그런데 이 5·16 세력들이 1970년대가 되면 40-50대가 되었습니다. 이미 집권한 지 10년이나 됐으니 정치적 술수가 능란해지기 시작했을 테고, 게다가 4년 중임제의 한계를 넘어 삼선(三選), 더 나아가 종신집권을 하려는 계획을 세우고 있던 때였습니다.

정치인들만 그랬겠습니까? 이 책의 앞부분에서 말씀드린 청소년기를 일제강점기 후반기와 말기에 보낸 세대는 1970년대에 모두 한국사회에서 가장 영향력 있고 중심적인 나이가 되었습니다. 직장에서도 간부와 경영자급으로 올랐고, 여론 주도에서도 더 힘이 생겼으며, 노부모들이 돌아가시고 청소년 자녀들을 둔 연륜 있는 가장의 모습을 보여 주고 있었습니다.

누구나 이 나이가 되면 젊은이들이 이해되지 않고 못마땅하게 마련입니다. 그런데 이 세대는 일제 말기와 전쟁 등 험한 시기를 자신의 힘으로 헤쳐 나와, 1960년대의 '잘 살아보세'의 시대를 성공적으로 채워냈다 자부심을 가진 세대입니다. 1930년대 '모던 경성' 시대의 세련됨도 갖추었으며, 일본 유학을 통해 근대화도 익혔고, 일제 말에 콩깻묵 배급과 전쟁 중 꿀꿀이죽을 먹으면서도 기어이 죽지 않고 살아내 망할 뻔했던 나라를 이만큼 나라 꼴이 되도록 만들어 왔다고 자부한 세대였다는 거죠. 이런 세대가 드디어 40-50대가 된 겁니다.

그러니 이들 눈에 어느 젊은 세대가 눈에 차겠습니까? 원래 자수성가한 강한 아버지 밑의 자녀들은 아무리 잘 나도 아버지 눈에는 모자라게 보이기 마련입니다. 자신들이 너무 강하기 때문입니다. 말하자면 1970년대 초 기성세대의 중심인 40-50대는 충분히 세대 간의 갈등을 일으킬 만큼 '쎈' 세대였습니다.


## 더 '쎈' 아들딸들이 자라났다

이들의 아들딸들이 바로 '베이비부머' 세대입니다. 그리고 1970년은 베이비부머 세대의 첫 시작인 1955년생이 15세가 되는 해입니다. 1955년생이니 이들은 일제강점기의 경험도, 전쟁의 경험도 없습니다. 이전 세대와는 완전히 다른 경험을 가진 아이들이 탄생한 겁니다. 그리고 바로 이들이 스스로 자신의 대중가요 취향을 내세우고 부모에게도 대드는 청소년기에 도달한 것이 1970년대 초였습니다.

그런데 이 세대도 좀 '쎈' 세대입니다. 흔히 문학계에서 4·19세대를, 해방 전후에 태어나 한글로만 공부한 세대로

서의 독특함과 자부심이 있다고들 이야기합니다. 그런데 베이비부머들은 그 자부심이 훨씬 큽니다. 일제강점기와 전쟁이 다 끝난 후에 태어났으니 일제 말에 콩깻묵 배급과 전쟁 때 꿀꿀이죽 이야기는 그저 다 지나간 부모의 추억담으로 치부합니다. 정부수립 이후에 마련된 국민학교(지금의 초등학교) 의무교육이 1950년대 후반을 지나면서 제대로 자리를 잡게 될 때 학교에 다녔습니다. 그러면서 「졸업식 노래」에 나오는 가사처럼 '새 나라의 새 일꾼'이 될 것이라는 어른들의 기대를 한몸에 받은 '새 나라의 어린이'였습니다. 부모들은 열심히 일하여 이 아이들을 학교에 보내느라 애썼고, 그래서 이들은 이전 세대와는 비교할 수 없도록 높은 학력을 갖게 되었습니다.

게다가 일제강점기와는 전혀 다른 교육내용이었으니, 부모들이 자녀의 교육에 간여하기가 힘들어졌습니다. '치맛바람' 소리가 나올 정도로 일류학교 진학에 대한 부모의 학구열이 높았지만 그저 뒷바라지였을 뿐 부모가 아이들의 정신적 세계에 끼어들 수는 없었습니다. 그저 잘 먹이고 입히며 독려하는 것일 뿐, 지금의 학부모처럼 참고서 고르는 것에 조언하고 커리큘럼을 점검하며 학원과 과외선생을 선택하는 '입시 총사령관' 역할을 하다가, 대학 진학 후에도 수

강신청을 대신해 주는 것은 상상도 할 수 없었습니다. 당시 부모는 자녀들과 사회적 경험이 전혀 달라 이런 것을 할 능력이 거의 없었거든요.

그래서 이 아이들은 비교적 꽤 어린 나이에 부모로부터 정신적으로 독립했습니다. 한마디로 부모 세대를 좀 우습게, 혹은 불쌍하게 본 측면이 있습니다. 고생고생해서 키워 주었으니 부모에게 보답해야겠다는 생각을 하고 있지만, 부모 세대는 자신들보다 훨씬 못 배우고 세상도 잘 모르며, '예술 취향도 후진' 사람들이라고 생각하는 것이 일반적이었습니다. 지금 대도시 중산층의 자녀들이 부모의 학력과 지위, 재력을 따라갈 수 없을 것이라는 자괴감에 빠진 것과는 딴판입니다. 그래서 이들은 부모 세대에게 무언가를 배우기보다는 자신들이 스스로 공부하고 체득한 것을 신뢰하고 이를 행동에 옮기는 경향이 큽니다. 당연히 '머리가 굵어지면' 부모 세대와 충돌할 가능성이 크지요.

게다가 부모 세대가 일제 말과 전쟁, 이승만 정권 시기를 겪으며 그저 '생존' 자체에 목을 매고 비굴하게 살아왔다고 생각합니다. 자유나 민주주의 같은 가치를 배울 기회가 없었던 부모와 달리, 그래도 학교에서 교과서에서나마 민주주의를 배웠고 대학생 형들이 데모하면 위정자도 무서워한다는 것을 1960년대에 체험하고 자랐습니다. 당연히 부모 세대보다 자신들은 좀 인간답게 민주적으로 진정성 있게 살아야 한다고 생각하는 세대였습니다.

그런데 설상가상, 이들은 수적으로 아주 많았습니다. 전후 베이비붐에 태어났으니 당연한 일이지요. 그래서 20세기 후반을 돌이켜보면 이들 세대가 움직일 때마다 사회 전체에 영향을 미치는 현상이 늘 나타났습니다. 이들이 대학을 다닐 때 학생운동이 극심했고, 대학을 졸업하고 사회 초년생이 되자 데모가 '넥타이부대'로 번져 1987년 6월 시민항쟁을 성공시켰습니다. 학교 교사가 되면 교육운동을 하고, 학부모가 되면 학부모운동을 하고, 가정을 꾸리고 아이를 낳으면 공동육아조합과 생활협동조합을 만들었고, 대안학교니 홈스쿨링 등 이전세대와는 다른 교육을 합니다. 심지어 이들이 은퇴자가 되기 시작하니 모두 등산을 다니면서 아웃도어 열풍까지 일으킵니다. 2000년대 중년과 은퇴자를 중심으로 한 인문학 열풍도 이들 세대가 나이가 들어 인문학 공부를 할 여유와 태도를 갖추었기 때문이라 할 수 있습니다. 이들이 노인 세대로 본격적으로 진입하는 때가 되면, 이전과는 전혀 다른 노인문화가 생길 것으로 생각합니다.

그러니 충돌은 불가피합니다. 부모 세대인 트로트 세대는 그 이전 세대와 달리 일제가 안정된 강점기 통치를 할 시기에 성장하여 '모던 경성'을 만끽하며 자기 부모 세대를 '조선 시대' 사람 취급한 세대였고, 그 자녀들인 청년문화 세대는 해방과 전쟁의 불안정한 세상이 어느 정도 정돈된 이후의 대한민국에서 성장하며 부모 세대를 입만 열면 '왜정 때'와 '6·25 동란' 때 얘기만 하는 사람들로 대놓고 무시하는 세대였으니까요. 이 '쎈' 두 세대가 드디어 1970년대 초에 충돌하게 되는 겁니다.

## 청년문화의 중요한 정체성, 학생

두 세대가 일상생활에서 어떻게 충돌하고 있는지 신문의 독자투고 하나를 보실까요?

지난번 광주의 어느 분은 장발 유행을 단속으로 못 막는다고 했는데 본인은 장발의 나쁜 점을 예를 들어 말할까 한다. 지금 장발은 거의 전체의 50%를 차지하고 있다. 어울리지도 않은 머리에 기름 묻은 옷 혹은 일주일에 한 번도 감지 않은 사람이 전체 장발의 50 내지 60%를 차지하고 있는 듯하다. 더욱이 일하는데 머리 때문에 막대한 지장을 주고 있다. 외국에서 많은 달러를 들여와 만든 전기, 비누가 단발에 비하여 30% 이상이 더 든다는 사실은 장발자 본인은 더 잘 알 것이다. 공부하는 학생도 흘러내리는 머리를 자꾸 손으로 올려야 하는 고역 속에 진실로 학문 연구에 머리를 짜낼 수 있을까. 우리보다 잘 사는 '싱가포르'에서는 장발은 정부에서 절대 용서 않고 처벌한다고 한다. 세계 어느 지도자나 어느 나라 사람들도 '싱가포르'를 야만국이나 유행에 뒤떨어졌다고 욕하는 사람은 못 보고 듣지도 못했다. 북괴가 남침만 엿보고 있는 이때 할 일은 하지 못하고 젊은 사람들이 머리 기르는 데 신경 쓰고 고우고우춤이나 통기타에 팝송에 파묻혀야 되겠는가. 이런 곳을 찾는 사람들은 거의 장발족이다. 이번 기회에 긴 머리를 깎고 몸과 마음을 정비하여 퇴폐는 몰아내고 검소한 국민으로 직장인은 직장일에 충실하고 학생은 단정한 머리로 학업에 열중했으면 한다. 경찰 당국도 말로만 단속 말고 거리를 나가봐서 정말 장발이 단속됐는가 안 됐는가를 파악하고 이번 기회에 뿌리 뽑아 밝은 사회를 만들어 주기 바란다.

— 양현(서울 성동구), 「긴 머리 깎고 심신을 정비할 때」, 『동아일보』 1975.4.30.

 이 독자의 나이를 알 수는 없습니다만 1970년대 초도 아니고 1975년에 이런 독자투고를 할 사람이라면 중년일 가능성이 큽니다. 1975년 즈음에 이르면 장발이 보편화되어

20대 태반이 장발 상태였으니까요. 게다가 '젊은 사람들이'라는 표현이야말로 글쓴이가 '나이 든 사람'임을 증명하는 구절일 겁니다.

이분은 그저 장발이 '내가 보기에 아름다워 보이지 않는다'고 이야기하는 것이 가장 정확한 말일 터인데, 장황하게 이유를 대면서 장발을 확실히 단속해야 한다고 주장하고 있습니다. 즉 개인이 자유롭게 선택할 수 있는 '취향'의 문제를 반드시 지켜야 하는 윤리의 문제로 환치하고 있는 겁니다. 그런데 그 근거가 아주 재미있습니다. 글쓴이는 품성이 아주 꼼꼼하고 세심한 분임이 틀림없습니다. 머리 길이를 학업의 문제로 연결하는 논리도 참 깨알 같거니와 장발의 폐해에 대해 전기와 비누를 언급하는 대목은 폭소가 터질 지경입니다. (이 논리대로라면 여성들의 머리를 모두 쇼트커트로 바꾸는 것이 훨씬 효율적일 겁니다. 당시 많은 할머니가 여전히 머리에 비녀를 꼽는 쪽 머리를 하고 계시는데, 이것도 금지했어야 했습니다.) 게다가 30퍼센트란 수치를 들이대는 것도 흥미롭고요.

이 글에서 주목할 만한 단어는 '학생', '검소', 그리고 '북괴'입니다. 즉 글쓴이는 장발을 '학생'과 연결하고 있고 문화에 비해 비누와 전기 아끼는 것이 더 중요하다고 생각하는 분입니다. 그리고 별로 상관없어 보이는 대목에서 자주

'북괴'의 위협을 등장시킵니다. 즉 글쓴이는 이 시대의 청년의 중심을 '학생'이라고 여깁니다. 학생 아닌 청소년도 많을 테지만 이들 역시 조건만 된다면 '학생'이 되어야 하는 사람으로 여기는 것일 수도 있습니다. 게다가 글쓴이는 학생이 아닙니다. 공부해 본 사람은 장발로 공부하는 것이 아무런 문제가 없다는 것을 너무도 잘 알고 있으니까요. 윗글의 우려는 그저 장발의 학생을 지켜보는 부모의 답답함에 불과합니다. 또 한 가지, 자신은 '북괴'의 위협을 잘 알고 있고 장발의 학생들은 그걸 무시하는 아이들로 치부하는 사고를 보여 줍니다. 전형적인 전쟁 체험 세대의 것이지요.

학생이란, 청년문화의 중요한 정체성 중의 하나였습니다. 앞서 인용한 김병익의 글에서도 '스튜던트 파워'를 언급하고 있거니와, 청소년 스스로도 혹은 기성세대도 청년문화 현상의 중심에 학생이 있다고 생각합니다. 그리고 앞서 이야기한 대로 이 세대들은 부모 세대에 비해 긴 기간 학교에 머물고 많이 공부함으로써 '학생' 정체성을 강하게 가진 사람들이었습니다.

'왜정 말'과 전쟁의 고통을 다 겪고 힘들게 살아남은 부모 세대들은 자신의 자녀들을 학생으로 잘 키워 세상의 '강자'가 되기를 원했습니다. 그런데 전혀 다른 세상에서 다른 방식으로 공부한 자녀 세대는, 사회에 나가기 전인 '학생' 때부터 부모 세대에 동의하지 않았고 자신들의 존재감을 드러내고 있었습니다. 1970년대, 대중가요의 세대 간 취향 갈등은 불가피했던 겁니다.

## 9장
# '퇴폐적인 통기타'와
# '후진 뽕짝'의 충돌

## 포크, 1971년에 임계점을 넘다

앞 장에서는 1970년대에 세대 간 취향 갈등이 대중가요에서 격화된 배경으로 청년문화 이야기를 했습니다. 이제 대중가요 이야기로 되돌아와야 합니다. 이 시기 대중가요사의 흐름을 요약하면 이렇습니다. 1968-69년에 대학생 가수, 그것도 명문 음악대학에 재학 중인 조영남과 최영희가 텔레비전 쇼프로그램에서 인기몰이를 하는 현상이 나타납니다. 그즈음 음악감상실 세시봉에 들락거리던 대학생 가수들이 인기를 얻습니다. 하지만 대부분은 소수의 학생에게 국한된 현상이었고 아직 텔레비전에서는 조영남과 최영희 정도만 알려졌을 때입니다. 그런데 1969년 트윈폴리오의 첫 독집음반이 나오고 조영남과 최영희를 출연시킨 《푸른 사과》라는 영화까지 제작된 것은 이 새로운 감수성의 대중예술이 대세로 떠오를 것이라는 제작자들의 판단이었음을 의미하지요. 같은 시기 신중현이 키워낸 펄시스터즈와 김추자가 인기몰이에 성공을 하는데(그래서 신중현은 《푸른 사과》의 영화음악을 맡습니다) 이 역시 새로운 젊은이들은 이전과 다른 감수성을 지녔다는 것을 보여 주는 현상이었습니다.

점차 영향력이 확대되던 포크송은 1971년을 계기로 텔레비전까지 진출하는 데 성공합니다. 음악감상실과 라디오, 음반을 넘어서서 드디어 텔레비전에 새로운 젊은이들이 등장할 정도가 된 것입니다. 1971년의 최고 히트곡 은희의 「꽃반지 끼고」, 라나에로스포의 「사랑해」는 포크가 더는 소수 여고생·여대생들의 문화가 아닌 가요계의 대세를 뒤엎는 수준에 이르렀음을 보여 줍니다. 기타를 든 대학생 가수들이 너도나도 방송에 얼굴을 보여 주기 시작했고, 1년 남짓 활동한 후 해산한 트윈폴리오 멤버인 송창식과 윤형주, 그들의 동생 격인 김세환도 이때부터 본격적인 솔로로 활동하기 시작합니다. (지금도 이 셋을 '빅3'로 꼽지요.)

또 한 가지, 바로 이 해에 양희은과 김민기가 나란히 첫 음반을 내고 「아침이슬」을 발표합니다. 결코 쉽지 않은 노래이며 사랑 노래도 아닌 「아침이슬」, 게다가 청순가련하지 않고 섹시함도 풍기지 않는 양희은이라는 씩씩한 여가수가 부른 노래가 텔레비전에서까지 인기몰이한다는 것은 수용자의 감수성이 얼마나 크게 바뀌었는지 보여 줍니다.

물론 아직 대중가요계의 최고 인기 가수는 남진과 나훈아, 이미자였습니다. 조미미, 문주란, 하춘화 같은 가수들도 뒤를 잇고 있었고요. 남진의 최고 인기곡인 「임과 함께」는 1972년에 발표되고 텔레비전에서는 이미자 노래 취향을 가진 어른들이 일일연속극 《아씨》(1970)와 《여로》(1972)를 넋을 놓고 보던 때였습니다. 여전히 포크송이 그저 수적으로만 보자면 열세임이 확실합니다. 하지만 청소년 취향이 바뀌면서 흐름의 방향이 바뀌고 있었음은 분명해 보였습니다.

전혀 무너질 것으로 보이지 않았던 남진과 나훈아의 시대는 거의 끝나 가고 있었고, 1973년 이후부터는 '대박 히트' 작품의 수가 점차 줄어듭니다. 반면에 포크송은 가수와 인기곡이 점차 늘어나고, 심지어 '그룹사운드'라고 칭해지던 록밴드까지 쇼프로그램에 자주 등장하기에 이릅니다. 그리고 1974년이 되면 이들의 기세가 최고 절정에 도달하지요. 1974년의 최고 히트곡인 어니언스의 「편지」는 수록 음반 전체가 한 곡도 빠짐없이 히트한 전무후무한 음반이 되었습니다. 김추자와 장현 등을 키워 낸 '마이더스의 손'이었지만 록밴드로서는 대중적 성공을 하지 못했던 신중현은 '신중현과 엽전들'이라는 3인조 밴드를 결성해 리드기타에 보컬까지 맡는 기염을 토하며 「미인」을 대중적으로 성공시킵니다. 이것이 1974년의 풍경입니다. 그리고 바로 다음 해인 1975년부터는 이러한 흐름에 마구 탄압이 시작되고 급기야 1975년 12월에 대마초사건이 터지게 됩니다.

## 「꽃반지 끼고」가 여고생들을 타락시킨다고?

어른들이 대학생들의 장발과 미니스커트와 함께 통기타까지 싸잡아 못마땅함을 노골적으로 드러내기 시작한 것도 바로 이때였습니다. 이제 소수의 대학생 가수 문제가 아니라 대세가 변화하고 있다고 판단했을 겁니다. 새로운 유행에 대한 어른들의 반감이 증폭되고 있음이 도처에서 확인됩니다.

(상략) 데모 주동 혐의로 연행됐다가 엿새 만인 20일 밤 성북경찰서에 풀려나온 노모군(23, 축산과 3년) 등 15명의 고대생들은 그동안 '길고 긴 시간'을 몇몇 최신 유행가를 배우는 것으로 달랜 모양. 이들

은「꽃반지 끼고」등 몇몇 유행가 가사를 적은 메모지를 돌려가며 노래를 익혔다고. (하략)

— (미상),「숙영 속의 진통─군 주둔 9일…대학가에서 있었던 일」,『동아일보』1971.10.25.

참으로 재미있는 풍경입니다. 1971년은 1970년 4월 대통령령으로 위수령에 대한 법령이 제정된 이후, 최초로 위수령이 선포된 해였습니다. 대학생들의 '교련반대운동' 때문이었지요. 학생에게 군사훈련을 시키는 '교련'은 일제강점기 때 시작되어 한국 전쟁 때까지 계속되다가 1955년에 사라집니다. 그러나 박정희 정권이 장기집권을 기도하던 1968년에 때마침 무장공비 침투사건 등이 생기며 이른바 '안보위기'가 조성됨으로써 1969년부터 부활하게 되었습니다.

1971년 1학기부터 대학에서 교련은 주 3시간을 이수해야 하는 필수과목이 되고 교관도 전원 현역 군인으로 배치하게 됩니다. 이에 반발하여 4월 2일 연세대가 시작하고, 4월 6일 고려대로 확장되면서 전국적인 교련반대운동이 벌어집니다. 결국 10월 15일에 서울 전역에 위수령을 선포하고 무장군인들이 대학 캠퍼스를 장악하게 되지요. 무려 1889명의 학생이 연행되고 119명이 구속되었습니다.

이렇게 시위를 하다가 잡혀 온 고려대 남학생들이 며칠

동안 성북경찰서 유치장에서 「꽃반지 끼고」를 배웠다는 것이 기사의 내용입니다. 「꽃반지 끼고」란 노래 제목이 눈에 띄지요? 앞서 말했듯이 이 기사가 나온 1971년은 「꽃반지 끼고」와 「사랑해」가 텔레비전에서까지 성공을 거두면서 포크송이 본격적인 대중화로 나아가게 되는 해입니다. 두 노래의 인기는 대단했습니다.

『매일경제』 1971년 12년 3일 자 기사에 의하면 1971년에 「사랑해」는 음반 4만 장이 팔렸다고 합니다. 당시 음반이 1만 장만 팔려도 히트라 했던 시대였는데 4만 장이라면 어마어마한 히트입니다. 「꽃반지 끼고」는 그해 연말에 영화제작을 결정할 정도로 인기가 높았습니다. 그렇다고 사회 분위기가 포크에 그리 호의적인 것만은 아니었습니다. 이른바 사회정화 바람을 타고 장발 단속 철퇴를 맞으며 20여 개 록 그룹이 해산했고, 군에 갔던 남진이 제대하여 연예계에 복귀함으로써 트로트 부활이 예고되는 상황이었거든요. 그런데도 포크는 이렇게 승승장구하고 있었습니다.

유치장에 갇힌 고려대 학생들이 열심히 배우고 불렀던 노래가 바로 「꽃반지 끼고」입니다. 당시 고려대 분위기는 연세대에 비해 꽤 촌스러웠고 게다가 남학생들이니 대중가요 유행에 상대적으로 덜 민감한 것이 보통입니다. 남학생들은 막걸리 마시면서 「선창」이니 「번지 없는 주막」 같은 흘러간 트로트를 부르는 것에 더 익숙했을 겁니다. 당시 3학년이라면 69학번 즈음이고 가장 감수성이 예민할 15세 전후 나이 때에 유행했던 노래는 최희준의 「맨발의 청춘」, 이미자의 「동백 아가씨」나 배호의 「돌아가는 삼각지」, 차중락 「낙엽 따라 가버린 사랑」 같은 노래였을 겁니다. 그리고 아마 고교 시절 좋아했던 노래도 이런 1960년대 스탠더드팝이나 트로트였을 거고요. 그런데 「꽃반지 끼고」라니요! 이 노래는 낯간지러운 '여고생 취향'이라고 남자 대학생들은 고개를 돌릴 법한 노래입니다. 그런 남학생들이 유치장에서 「꽃반지 끼고」를 배우고 부르면서 시간을 때웠다는 것은 이 노래가 엄청난 인기를 끌었다는 것을 알려 주고 있습니다. 이 노래가 등장하는 또 하나의 기사가 있습니다.

며칠 전 휴일 서울 S여고에서 노래하는 즐거운 시간에 라디오를 청취하게 되었다. 요즘 서정쇄신이다, 퇴폐풍조 단속이다 해서 사회 각계각층에서 운동을 전개하고 있는 이때 특히 가을 하면 감수성이 예민한 사춘기 여고생들에게 일시적인 충격이 무서운 결과를 낳을 염려가 있지 않을까. 노래하는 마음은 즐겁고 행복하지만 몇 년 전 우리가 학교에 다닐 때만 해도 유행가는 일체 학원에서 금지되었다. 그런데 웬지 요즘은 부르고 있고 오히려 같이 시키고 있는 것을 볼 때 놀라움을 금할 길 없다. 내가 생각하기는 노래 중에도 「꽃반지」. 이 노래는 너무나 생기발랄한 여고생들에게 퇴락과 탈선마저 부를 염려가 충분히 있다고 믿는다. 무엇보다도 중요하게 민족의 중추를 이룰 학생들부터 정신순화를 충실히 시켜야 한다고 본다.

— 천중식(국군마산통합병원 하사), 「교정서 감상적 유행가 금하라」, 『동아일보』 1971.11.5.

독자 투고인 이 글을 쓴 분은 마산에 거주하는 남성 직업 군인인 것으로 추정됩니다. 나이는 알 수 없습니다만, 1970년대 초에 생겼던 캠퍼스 안에서 고교생을 모아 놓고 진행하는 프로그램이 다소 낯선 분이니 20대 초반은 아닐 것으로 보입니다. 그리고 '몇 년 전 우리가 학교에 다닐 때만 해도'라는 표현으로 보아 서른을 넘지는 않았으리라 짐작합니다. 즉 중년 세대는 아니나, 고려대 남학생 못지않게 대중가요의 첨단 유행에 그리 민감하지는 않은 부류에 속하지요. 그래서일까요. 노래 제목도 제대로 쓰지 못하고 그저 「꽃반지」라고만 썼습니다. 그러나 어쨌든 이런 분들조차 라디오에서 흘러나오는 여고생들의 노래를 듣고 노래 제목을 얼추 알아맞힐 정도이니 「꽃반지 끼고」가 대단히 인기 있는 노래였음이 분명합니다.

고려대 학생과 독자투고의 글쓴이는 기껏해야 나이가 대여섯 살 정도 차이일 듯합니다. 그러나 한쪽은 유치장에서 「꽃반지 끼고」를 부르고 즐기며, 다른 한쪽은 여고생들이 학교에서 이 노래를 부르는 것을 듣고 '퇴락과 탈선'을 걱정합니다. 가사는 이러합니다.

생각난다 그 오솔길 / 그대가 만들어준 꽃반지 끼고 / 다정히 손잡고 거닐던 오솔길이 / 이제는 가버린 / 가슴 아픈 추억

— 은희 「꽃반지 끼고」 1절 (은희 작사, 변혁 작곡)

아무리 봐도 퇴락과 탈선 같은 냄새는 나지 않는 아주 얌전하고 상식적인 노래입니다. 이미자나 배호, 남진, 나훈아의 트로트가 감정을 겉으로 드러내는 노래들이라면, 이 노래는 맨 마지막의 저음부에만 살짝 '가슴 아픈'이란 말을 집어넣고 깔끔하게 끝냅니다. 감정을 절제하는 경향이 강한 포크송의 특성이지요. 연인끼리 풀꽃으로 꽃반지를 만들어 끼워 주는 곰살스러운 장면도 섬세하고 여린 감수성을 선호하는 포크송의 특성 그대로입니다.

제 개인적인 생각으로는 '당신과 나 사이에 저 바다가 없었다면 / 쓰라린 이별만은 없었을 것을'(남진 「가슴 아프게」),

'외로워 외로워서 못 살겠어요 / 하늘과 땅 사이에 나 홀로'(차중락 「사랑의 종말」), '사랑이 무어냐고 물으신다면 눈물의 씨앗이라고 말하겠어요'(나훈아 「사랑은 눈물의 씨앗」) 같은 1960년대 말에 유행한 노래들에 비해 훨씬 여고생들이 부르기에 적합한 노래라고 보입니다만, 이 독자는 그렇게 생각하지 않았던 모양입니다. 그런데 유치장에서 이 노래를 즐긴 고려대 학생들이라면 그렇게 생각하지 않았을 겁니다. 즉 이 시기 포크의 대중적 인기 정도, 포크에 대한 호불호와 평가가 세대와 집단에 따라 꽤 다르다는 것을 이 두 글은 잘 보여 주고 있습니다.

## 포크송에 대한 우려는 기우

물론 신문에 실린 글이 모두 이런 거부감을 보이지는 않습니다. 청년문화 현상에 대해 옹호의 태도로 기사를 써 온 김병익 같은 기자가 있었고 독자투고에서도 적극적인 옹호를 하는 글이 발견됩니다. 윤리적 잣대를 들이대는 글들에 비해 훨씬 예술 내적인 설명이 많은 것이 특징입니다.

나는 포크송의 팬이다. 포크송이란 민요라는 뜻이지만 우리 젊은 세대에서는 통기타음악을 흔히 이렇게 부르고 있다. 그런데 요즘 일부에서는 이 포크송을 단정치 못한 옷차림을 한 젊은이들의 퇴폐풍조의 대명사로 보고 있는 사람이 있는 것 같다. 통기타의 음악은 시에서 형식에 얽매인 정형시가 형식을 탈출, 자유시로 발전을 본 것처럼 소위 뽕짝류의 형식에 매인 멜러디보다는 멜러디와 가사가 자유를 추구하는 건전한 음악이라고 본다. 따라서 통기타를 들고 다니며 포크송을 즐기는 젊은이들에 대해 일부에서 퇴폐풍조 운운 하는 것은 그들의 기형적인 사고방식 때문이라고 주장하고 싶다. 포크송은 정형에 구속되기보다는 자유를 추구하는 젊은이들 사고의 일면을 나타내는 것이며 값이 싼 통기타는 건전음악을 보급하는 데도 큰 역할을 한다고 볼 수 있어 일부의 퇴폐풍조 운운은 색안경을 낀 기형적 비평이라고 본다.

— 이제출(경기도 고양군 신도읍), 「통기타는 건전음악이다, 퇴폐 운운은 기형적 사고」, 『경향신문』 1974.10.9.

'우리 젊은 세대'라는 표현이나 '포크송의 팬'이라고 솔직히 밝히고 시작하는 것을 보니 글쓴이는 청년세대임이 분명합니다. 글의 내용을 보면 대학교육을 받은 흔적이 역력하지요. 포크를 자유와 건전이란 말로 설명하는 것이 특징입니다. 그 반대편에 '뽕짝'을 놓고 있는 것도 주목할 만합니다. 포크 유행을 퇴폐풍조의 하나로 보는 기성세대의 통념에 극렬히 반대하면서 오히려 건전한 노래라고 주장하는 것도 신선합니다.

## '후진 뽕짝'이라는 생각

　조금 더 살펴볼 것은 '뽕짝', 즉 트로트에 대한 반감입니다. 한마디로 '뽕짝'을 '형식에 매인 멜로디'라고 규정하고 있으니까요. 그런데 이는 옳은 판단이라고 보기는 힘듭니다. 대중가요 양식은 저마다의 형식적 특징을 지니기 마련이지요. 그건 꼭 트로트만 가진 것은 아닙니다. 트로트 양식이 독특한 5음계의 선율을 구사한다는 점은 옳지만, 그렇게 보자면 포크나 록, 스탠더드팝 역시 나름의 양식적 특징을 갖고 있기 때문입니다. 글쓴이가 이렇게 말하는 것은 트로트가 자신의 취향이 아니라는 의미입니다. 싫어하는 음악이니 어떤 노래를 들어도 엇비슷하게 들릴 터이고, 따라서 '형식에 매여 있다'는 식의 저평가를 쉽게 내리는 겁니다.

　그런데 거꾸로 보자면 아마 트로트를 즐기던 당시 40대의 기성세대들이라면 아마 포크가 다 엇비슷하게 들릴 겁니다. 저는 1931년생인 저의 엄마가 1970년대 초 당시에 송창식의 「창밖에는 비오고요」가 방송에서 나오는 것을 들고 "저게 노래냐, 경 읽는 거냐?"라며 비웃는 것을 본 적이 있습니다. 엄마는 당시로서는 꽤 드물게 초급대학까지 나오고 바이엘 상하권을 모두 마스터한 정도의 피아노 실력을 갖춘 분이었는데도 말입니다. 그 노래를 정말 좋아했던 저와 언니는 이 말을 듣고 엄마의 음악적 취향의 저열함을 통탄했지요. 두 세대는 서로 다른 취향을 갖고 있었고, 상대편의 취향을 '저열'하다고 판단하고 있었던 겁니다.

포크는 한국대중가요사의 어느 양식보다도 반(反)트로트적인 경향을 띠고 있었고, 이는 기성세대들의 대중가요 취향에 대한 전면적 부정을 의미했습니다. 이런 반트로트 성향이 본격음악인이 아닌 대중가요 창작자·수용자에게 전면화되어 나타나는 것은 거의 처음 있는 일이라 할 수 있습니다. 일제강점기에도 '양풍'의 노래인 재즈송(재즈송 분위기의 민요까지 포함)이 있었습니다만 적지 않은 작품이 트로트 음계를 쓰고 있습니다. 트로트를 작곡하던 김해송, 전수린 등이 재즈송도 함께 작곡했으니, 이런 넘나듦은 그리 이상한 일이 아닙니다.

1960년대 스탠더드팝은 일제강점기 재즈송보다 더 많이 트로트로부터 멀어진 노래이기는 합니다. 하지만 장조에서는 트로트의 5음계가 많이 쓰였고(「노란 샤쓰의 사나이」, 「대머리 총각」 등) 단조의 노래에서도 1960년대 중반 이후 트로트와 스탠더드팝의 결합 현상이 광범위하게 나타나는 등 빠르게 기존 경향과 결합했습니다. 흔히 트로트 가수라 여겨지는 배호, 이미자, 남진, 나훈아 노래 중 상당수가 스탠더드팝의 선율을 쓰고 있지요.

그에 비해 포크는 5음계의 트로트는 물론이려니와 트로트 질감이 스며 있는 스탠더드팝 관현악 편곡의 관행조차 완전히 거부한 음악이었습니다. 가수 스스로 반주를 하는 '통기타'는 그 거부의 상징이었죠. 1960년대의 쇼에서는 '밴드마스터'라 부르는 지휘자가 관현악 밴드를 지휘하고 가수가 그 앞에서 노래를 부르는 경우가 많았습니다. 그런데 포크에서는 밴드도 지휘자도 없이 그냥 가수가 스스로 반주하고 노래합니다. 가끔 친구들처럼 보이는 동료 가수들이 그 옆에서 기타나 클라리넷, 멜로디언, 하모니카 등을 함께 연주해 주기도 하지요. 즉 가수가 밴드 지휘자의 지휘에 따라 정확하게 노래하는 기술자가 아니라, 스스로 노래를 짓고 자신의 노래를 스스로 반주하며 자유롭게 변주하기도 하는 존재임을 보여 주는 겁니다. 포크는 선율에서나 연주 관행에서나 트로트부터 시작해 1960년대까지 내려오던 대중가요의 관행을 과감히 깨어 버렸습니다. 그리고 그들의 반감은 트로트를 정조준하고 있었던 거죠.

위에서 '뽕짝'이라는 용어를 아무렇지도 않게 쓰는 것에 주목할 필요가 있습니다. 사실 '트로트'와 거의 같은 의미로 쓰고 있는 '뽕짝'이라는 비하적 명칭이 지금으로서는 익숙해 보입니다만, 이 용어는 1970년을 즈음하여 일반화됩니다. 『동아일보』, 『경향신문』, 『매일경제』 세 신문에서 '뽕짝'이라는 용어를 검색해 보면 1969년부터 등장하는 것을 알 수 있습니다. 1966-67년에는 '뽕짱'이라는 용어가 등장하지요. 신문에서까지 '뽕짱'이라는 말이 쓰인다는 것은 아직 '뽕짝'이란 말이 덜 정착했다는 것을 의미합니다. 트로트의 반주 방식을 보면 저음의 금관악기가 '부웅' 하고 울리고 뒤이어서 5도나 8도 위의 음을 다른 악기가 '짝' 하는 느낌으로 받아 주어 '붕짝 붕짝' 식으로 연주하는 경우가 많습니다. 이것의 의성어적 표현에서 '뽕짱', '뽕짝'이라는 말이 나왔을 것으로 보입니다.

하지만 이 말은 매우 강한 비하적 느낌을 풍깁니다. 그래서 지금은 공식적으로는 이 명칭을 쓰지 않고 '트로트'라는 이름으로 대체되었지요. 무엇보다도 트로트를 하시는 분들이 이 용어를 싫어합니다. 그러니 비하적 명칭이 아무렇지도 않게 언론에 등장할 정도로 널리 쓰였다는 것은 트로트를 우습게 보는 사람들이 늘어났다는 것을 의미합니다. 그것은 한때 세련됨을 자처했던 트로트 세대가 나이가 들고 반트로트적인 감수성을 지닌 새로운 세대가 청소년으로 성장했다는 것과 맞물려 있습니다. 1960년대 말에 이르러서 바로 이 현상이 나타나는 것이고, 때맞추어 반트로트적 태도를 지닌 포크가 부상하는 겁니다. 트로트를 낡거나 수준 낮은 음악이라는 가치판단이 포크의 발흥 시기부터 널리 인정받기 시작한 것이지요.

말하자면 1970년대 초는 청소년과 기성세대의 취향 갈등이 격해진 시기이며, 그것은 트로트와 포크로 대표되고 있었다는 겁니다. 1970년대를 갓 지난 시기의 설문조사에서도 트로트를 둘러싼 기성세대와 청소년들과의 취향 갈등은 잘 나타납니다. 『경향신문』 1981년 11월 11일 자의 기사에 의하면, 1981년 문화방송 창사 20주년 기념으로 11,356명을 대상으로 한 '한국가요대조사' 결과, 10-20대가 「옛 시인의 노래」, 「고추잠자리」, 「작은 연인들」, 「창밖의 여자」, 「사랑이여」, 「촛불」 등을 꼽은 것에 비해, 30대 이상은 「눈물 젖은 두만강」, 「나그네 설움」, 「목포의 눈물」, 「황성 옛터」 등 일제강점기의 작품과 1960년대 말의 「낙엽 따라 가버린 사랑」(그것도 30대에 국한됩니다)을 꼽았습니다.

10-20대가 당대 유행하는 신곡에 민감하고 30대 이상이 옛 작품을 선호하는 경향을 드러내고 있음을 감안한다고 칩시다. 하지만 이때는 조용필의 전성시대입니다. 그런데도 10-20대들이 조용필의 신곡 중 「미워 미워 미워」나 「일편 단심 민들레야」 같은 트로트 곡을 전혀 꼽지 않았다는 것은 주목할 만하지요. 10대와 20대에서는 포크와 록으로, 30대 이상에서는 트로트로 노래의 선호가 분명하게 갈라져 나타나는 겁니다. 그러니 1970년대에 10-20대를 보낸 사람들과 그 이전 세대와의 취향 차이는 트로트 수용 여부에 달려 있다고 볼 수 있습니다.

그리고 이런 세대 간의 대중가요 취향 갈등은 일제강점기시대와 전쟁을 경험하지 않은 세대들이 청소년기에 도달함으로써 생겨난 것입니다. 이들은 어릴 적부터 미국식 대중음악을 들으며 성장하고 1950년대 후반 이후 증폭된 제도교육의 혜택으로 서양음악 교육 수준이 높아진 세대였으며, 따라서 대중매체와 제도교육의 혜택을 많이 받은 대도시의 청소년들이 이 새로운 흐름을 앞서가는 현상을 보였죠. 이들은 당연히 트로트는 '후지고' 포크송은 예술적으로도 건강성으로도 우수한 노래라고 생각했던 겁니다.

물론 포크송이 비교적 건전한 대중가요라는 평가는 꼭

젊은 포크 팬들만 주장하는 것은 아닙니다. 세시봉 멤버들의 '담임선생님'이라고까지 불렸던 가요평론가 이백천의 글이 그렇습니다. 이백천은 YWCA의 문화공간 청개구리와 음악감상실 세시봉 등에서 포크 가수가 출연하는 프로그램을 기획·진행하고 이들을 방송 등으로 끌어내고 돌보아 준 방송 프로듀서이지요.

(상략) 그러나 우리 젊은이들에게는 수십만 명이 한 자리에 모여 열광할 수 있는 우드스토크도 없고 또 그럴 만한 분위기도 되지 못한다. 전자악기나 고성능음악장치가 없고 해피스모크나 마리화나의 환각이 없으며(이것은 어느 모로 퍽 다행한 일이다) 외침소리가 없는 우리 젊은이들은 전자악기에 열중하다가 문득 저쪽 젊은이들과 이쪽 젊은이들이 살고 있는 상황의 이질성을 확인하곤 하리라. (중략) 얼핏 보면 나약한 서정만이 물씬할지도 모른다. 그러나 그들은 선대들이 건성으로 보아 넘겼거나 표피적 혹은 타성적으로 되뇌어 보던 이웃과 자연을 '조국의 것'이라는 사실만으로 더운 가슴으로 받아들이고 있으며 절규가 깃들인 시어로 차분히 노래하고 있는 것이다. 외국의 젊은이들처럼 마음껏 젊음을 발산할 수 있는 분위기를 만들어 주지 못한 전 세대들이 더러는 자책과 민망한 얼굴로 더러는 불안한 눈길로 오늘의 젊은이들을 바라볼지도 모르지만 결코 불안해 할 것

은 없다. (하략)

— 이백천, 「젊은이들의 음악세계」, 『동아일보』 1973.10.11.

포크라고 꼭 집어 이야기하지는 않았지만 '전자악기나 고성능 음악 장치가 없'다고 이야기한 것으로 보아 록이 아닌 포크만을 지칭하는 것으로 보아도 무리가 없을 듯합니다. '나약한 서정'이란 말에 어울리는 것도 록이 아니라 포크죠. 이백천은 '요즘 젊은이들이 좋아하는 포크를 기성세대가 너무 불안해 할 필요가 없다'고 적극적으로 옹호합니다. 마약, 환각, 광란, 이런 것과는 거리가 멀다는 것이죠. '이웃과 자연을 '조국의 것'이라는 사실만으로 더운 가슴으로 받아들'인다고까지 이야기하며, 청년세대의 애국심 부족에 대한 우려를 불식시키려 노력하고 있습니다. 이 대목을 읽으면 저는 「내 나라 내 겨레」가 바로 연상됩니다.

보라 동해에 떠오르는 태양 누구의 머리 위에 이글거리나 / 피 맺힌 투쟁의 흐름 속에 고요히 순결함을 얻은 우리 위에 / 보라 동해에 떠오르는 태양 누구의 앞길에서 환히 비추나 / 찬란한 선조의 문화 속에 고요히 기다려온 우리 민족 앞에 / 숨소리 점점 커져 맥박이 힘차게 뛴다 / 이 땅에 순결하게 얽힌 겨레여 / 보라 동해에 떠오르는 태

양 우리가 간직함이 옳지 않겠나

— 송창식, 「내 나라 내 겨레」 (1971, 김민기 작사, 송창식 작곡)


1971년 조영남이 「동해의 태양」이라는 제목으로 발표했고, 1972년 작곡자인 송창식이 「내 나라 내 겨레」로 다시 불러 널리 알려진 노래입니다. 양희은의 자서전 『이루어질 수 있는 사랑』(우석, 1993)에는, 청개구리에서 만난 송창식, 김민기, 양희은 등의 멤버들에게 이백천이 대학문화의 새로운 장을 열어야 한다며 '캠퍼스 크루세이더즈(Campus Crusaders)'라는 이름까지 붙여 주고 위의 「내 나라 내 겨레」를 주제곡으로 삼았다는 일화가 소개되어 있습니다. 이백천은 글을 쓸 때 이 노래를 염두에 두었을 겁니다. 과연 이런 노래를 기성세대들이 퇴폐라고 평가할 수 있느냐는 항변이었겠지요.

하지만 어쩌겠습니까. 대도시 청소년들은 부모 세대가 좋아하는 트로트야말로 퇴폐적이고 저열한 노래라고 생각하고 있었거든요. 그러니 기성세대도 마찬가지였지요. 전기장치를 통해 찌그러뜨린 전기기타 음향과 시끄러운 드럼 소리가 지배적인 록에 비하자면 포크가 좀 나아보이긴 하지만, 어른들이 보기에는 도긴개긴이었을 겁니다.

## 포크에 대한 반감의 중심에는 학생이 있다

앞 장에서 저는 이 시대 기성세대들이 보여 주었던 포크에 대한 거부감이 1960년대 초의 「노란 샤쓰의 사나이」에 비교적 너그러운 시선을 보냈던 여론과 비교해 보면 꽤나 대조적이라고 말씀드린 바 있습니다. 음악적으로 그리 크게 다르지 않은 스탠더드팝과 포크에 대해 기성세대들이 보인 다른 반응을 앞 장에서 청년문화 전체에 대한 거부감이라는 문화적 배경으로 설명한 것이고요.

아래의 글 역시, 당시 기성세대들이 보여 준 포크에 대한 거부감의 실체를 좀 더 명확하게 확인하게 해 줍니다.

몇 년 전까지만 해도 통기타를 든 젊은이들이 불러대는 포크송이나 또 그들의 자작곡 등에 대해서 사람들은 무관심했다. 그러나 그들은 대중의 무관심을 탓하지도 않고 또 쉽게 대중에 영합하려는 제스처도 없이 꾸준히 젊은 층을 친구로 만들고 노래를 통한 대화의 길을 열어 가 이제는 가요계의 새로운 파워로 등장하여 기성층에까지 관심과 흥미를 갖게 하고 있다. 그러면 그들의 무엇이 젊은 층을 사로잡고 기성인들의 놀라움을 자극하는 것일까? 이 점에 대해 KBS TV에서 《젊음의 행진》이라는 프로를 연출한 바 있는 PD 김현숙 씨는 "종래의 우리 가요가 슬픔과 한숨을 노래한 것이라면 이들의 노래는

우선 가사 자체가 신선할 뿐 아니라 창법도 일본가요 조에서 벗어나 음악성이 풍부하다"고 말한다. (중략)

그러나 그들에 대한 걱정이나 비판이 전연 존재하지 않는 것은 아니다. 한창 학구에 전념해야 할 나이에 TV나 살롱무대에서 밤낮을 가리지 않고 출연하면서 직업이 무엇인지조차 구별하지 못하게 하는 그들의 생활을 정당화할 근거는 없는 것이다. (중략)

이들을 경쟁적으로 출연시키고 있어 이러한 처사가 과연 합리적인 판단에서 행해지고 있는 것인지가 의심스럽다는 비판이 있다. (중략)

TBC TV의 가요 담당 PD 임강호 씨도 "젊은이들의 노래가 퇴폐가요 추방이나 가요계의 정화에 기여한 것은 사실이지만 이들의 노래가 순수한 우리 정서에서 우러나온 것이라기보다는 구미의 팝송이나 포크송의 모방 같은 냄새를 풍기고 있어 앞으로 어떻게 될지는 모르겠다"고 이들의 진로에 회의를 표했다. (하략)

― 김선애(기자), 「'노래하는 젊음' 통기타 그룹 TV 등서 너무나 부각시켜」, 『경향신문』 1974.2.23.


전형적인 양비론 성격의 글입니다. '대중의 무관심을 탓하지도 않고 또 쉽게 대중에 영합하려는 제스처도 없'는데도 '가요계의 새로운 파워로 등장'했다는 설명은 앞의 포크 옹호의 기고문과 마찬가지로 포크가 기성의 대중가요들에 비해 덜 상업적인 노래임을 인정한 것이라 볼 수 있습니다. 그에 비해 비판의 근거는 옹색합니다. 마치 포크 옹호의 기고문들이 트로트를 무조건 폄하하는 것만큼이나 말이 안 되지요. '구미의 팝송이나 포크송의 모방' 같다는 건 틀린 지적은 아니지만 비판 거리라고도 보기 힘듭니다. 우리 대중음악의 강대국 의존성은 늘 존재했던 것일 뿐 새로운 것이 아니거든요. 그냥 낯설고 싫은 것이지요. 그러니 어떤 이유를 대어서든지 비판을 하려고 하는 겁니다.

그런데 또 다른 비판의 이유는 좀 더 주목해 볼 만합니다. '한창 학구에 전념해야 할 나이에 TV나 살롱무대에서 밤낮을 가리지 않고 출연하면서 직업이 무엇인지조차 구별하지 못하게 하는 그들의 생활'이라는 구절 말입니다. 송창식처럼 돈이 없어서 서울예고를 중퇴했고 양희은처럼 자기 학비는 물론이거니와 생활비, 동생들 학비까지 벌어야 했던 사람들이 이 말을 들었다면 얼마나 기가 막혔겠습니까. 또 업소에서 밤낮을 가리지 않고 출연한다면 그것은 거의 직업이 되었다는 말이기도 한데, 그런 일이 대학 시절에 직업을 탐색하는 과정일 수도 있는 겁니다. 물론 당시에는 대학 졸업자가 가수 같은 직업을 선택하는 것은 적절하지 않다는 통념이 있었던 시대였으니, 이런 말이 이토록 쉽게 나오는 것일 테지요.

그런데 음반을 내고 업소와 방송에 나가 노래를 부르는 직업화된 대학생 가수에 국한되지 않고, 일반적으로 포크와 통기타 문화가 학생과 연결되는 것 자체를 싫어하는 당시 사회분위기도 큰 영향을 미친 것으로 보입니다. 아래 기사는 당시 사회 분위기를 짐작하게 해 줍니다.

인천의 '리여석 고전 기타 실내합주단'의 남녀 10대 단원들은 독주용 악기인 기타만으로 합주의 경제를 개척, 성과를 거두고 있다. 이 합주단이 창단된 것은 지난 69년. (중략)
기타만으로 우리 민요와 세계 명곡을 합주하는 경지를 개척하겠다는 이들의 그 의욕만큼이나 애로와 고심도 크다. (중략)
더군다나 '통기타와 10대'가 '퇴폐풍조'와 다를 게 없다는 나쁜 인식 때문에 단원 가운데 특히 여학생 부모들의 단원 활동 반대는 이만저만이 아니었다는 것. 그러나 이제는 이 활동이 건전하다는 것이 이해가 되어 부모들의 협조는 적극적이란다.

— 오영환 기자(인천), 「창단된 지 7년 10대 단원 25명 새 경지 개척한 기타합주단」, 『동아일보』 1976.11.24.

기성세대, 특히 부모 세대들이 기타라는 악기에 대해 어떤 태도를 지니고 있는지 잘 보여 주는 사례입니다. 클래식 기타 연주단에조차 화들짝 놀랄 정도로 기타를 곧 청소년들에게 유해한 악기로 직결하고 있는 것이지요. 포크의 중심 악기이므로 그것과 친하게 지내는 것은 학생의 본분을 잊고 타락하는 것이라고 당연히 생각해 버리는 것입니다.

말하자면 포크에 대한 반감의 근저에는 '학생'이란 화두가 연동되어 있습니다. 트로트나 스탠더드팝은 이미 직업화된 연예인이 부르는 것이고, 청소년이나 대학생들은 그저 라디오와 음반으로 듣고 즐기는 수준이라고 보였을 겁니다. 그런데 포크는 아직 채 직업인처럼 보이지 않는 대학생 가수들이 주도하고 있습니다. 게다가 트로트나 스탠더드팝 가수와 달리 방송과 무대에서 이브닝드레스나 정장을 입지 않고 그저 청바지나 티셔츠 같은 평상복 차림으로 등장해 소박한 말을 하면서 노래를 하니 더더욱 직업 연예인이 아닌 학생처럼 보입니다. 그래서 기성세대들은 학업에 열중해야 할 대학생들이 방송 출연 등 연예활동에만 정신이 팔려 있다고 생각해 버리기 쉽습니다.

일반 수용자의 수용 행태도 트로트나 스탠더드팝과는 꽤 다르게 보입니다. 매체를 통해 노래를 듣고 따라 부른다는 점에서는 동일한데도 기타를 직접 배워서 연주하며 노래를 부르는 경우가 많습니다. 이 역시 부모 세대들에게는 입으로만 노래를 따라 부르는 것과 달리, 자녀들이 무언가 더 적극적인 행동을 하는 것으로 다가올 겁니다. 기타라는 가시화된 물건이 두드러지게 드러나기 때문이지요.

앞 장에서 인용한 신문 기고문 중에 장발을 학업에 방해된다고 직결시킨 글을 기억하시지요? 그런 생각을 하는 정도이니, 비싼 돈 주고 긴 시간을 투여해 연습해야 하는 기타가 어떻게 보일지 짐작하고도 남습니다. 늘 기성세대들은 청소년이 좋아하는 문화의 심층을 읽지 못하고, 장발, 청바지, 기타 등 시각적으로 쉽게 포착되는 것에만 집착하는 경향이 있으니까요. 1950년대에 그것은 맘보바지와 댄스홀이었고, 1990년대에는 힙합바지와 랩댄스였던 거고요.

1970년대 전반기의 대중가요를 비롯한 청년문화를 둘러싼 세대 간 갈등은 결국 1975년의 대마초사건을 계기로 절정에 달했습니다. 그리고 1970년대 후반에는 젊은 취향과 기성세대의 취향을 절충한 '트로트고고' 등의 유행이 이루어지며 1980년대라는 새로운 시대로 넘어가게 됩니다. 다시 세대 간 취향이 다소 절충되는 시대로 접어들게 됩니다.

## 10장
# 다시 세대 간 화합의 시대로, 조용필과 함께

### 트로트와 록이 결합?

여태까지 살펴본 1970년대가 포크와 록이라는 새로운 젊은 양식이 등장함으로써, 트로트와 1960년대식 스탠더드팝으로 대표되던 기성 대중가요의 취향과 세대 간 갈등이 격화된 시기였습니다. 그에 비해 1980년대는 여태까지 등장한 양식들이 종합과 타협의 양상을 보여 준 대표적인 시기라고 할 수 있습니다.

좀 더 섬세하게 살펴보면 이런 종합과 타협의 현상은 이미 1970년대 후반부터 나타났습니다. 어느 양식이든 처음 나타났을 때에는 신선하면서도 낯설어 많은 사람에게 수용되지 못하다가, 시간이 흐르면서 대중화되면서 기존의 익숙한 양식들과 결합하면서 변이되는 양상을 보입니다. 그리고 시간이 더 지나면 다른 양식과의 결합이 더 많아지면서 애초에 그 양식만이 지녔던 특질이 희미해지거나 의미 없어지는 단계에 도달합니다. 즉 종합과 타협이란 예술양식의 변화에서 늘 나타나는 현상이지요. 그러니 포크와 록도 1970년대 중반을 향해 가면서 점차 대중성을 획득하여 기존의 여러 양식과 결합하는 양상이 생겨날 수 있습니다.

실제로 초기 포크의 선두주자였던 윤형주도 「미운 사람」(1974)처럼 '대박 히트'를 기록하는 작품에서, 장조 트로트에서 출발하여 스탠더드팝에 이르도록 익숙하게 반복되어 온 5음계의 선율 패턴을 보이고 있지요. 트윈폴리오 시절의 히트곡으로 외국 곡에 새 가사를 붙여 부른 「하얀 손수건」(1968)은 물론이거니와 솔로 초기의 자작곡인 「라라라」(1971, '조개껍질 묶어 그녀의 목에 걸고'로 시작하는 노래)와도 크게 다릅니다. 송창식도 그렇습니다. 1970년대 중후반에 아주 대중적으로 히트한 자작곡 「한번쯤」(1974), 「피리 부는 사나이」(1974)는 트로트와의 친연성이 강한 1960년대 단조 스탠더드팝 스타일의 선율을 고스란히 반복하면서 리듬은 쿵짝쿵짝 하는 트로트 스타일을 쓰고 있습니다. 물론 이들의 자작곡이 이런 노래만 있었던 것은 아닙니다. 하지만 「미운 사람」,「한번쯤」,「피리 부는 사나이」 등의 대중적 인기의 폭은 송창식의 「창밖에는 비 오고요」,「새는」 같은 노래와 는 비교할 수 없을 정도로 넓습니다. 지금도 많은 사람들이 송창식에 대해 갖고 있는 인상이 이런 노래로 고정되어 있 을 정도니까요.

이렇게 새로운 양식이 기존 양식과 혼용되어 대중화되는 현상이 이미 진행되고 있었습니다. 하지만 1975년을 계기 로 급격하고도 강력하게 이 현상이 나타나는 것은 특별히 주목할 만합니다. 1975년 이전에 록에서 가장 인기 있고 영 향력 있는 작품들은 신중현 사단의 것이었습니다. 1968년 펄시스터즈, 1969년 김추자, 1970년대 이후로는 장현, 김정 미 등을 계속 배출하여 히트시켰고 급기야 1974년에는 자 신이 보컬까지 맡은 3인조 밴드 '신중현과엽전들'에서 「미 인」을 내놓아 록밴드로서는 매우 드물게 TV 쇼에서까지 인 기를 끌게 됩니다.

그런데 이 흐름은 1975년 내내 박정희 정권의 가요정화 조치로 크게 타격을 입게 되지요. 그리고 그해 12월의 대마 초사건을 계기로 신중현과 그의 작품들은 완전히 대중가요 시장에서 퇴출당하기에 이르렀습니다. 물론 윤형주, 이장희 등 대마초를 피운 가수,「아침이슬」 같은 김민기의 노래 등도 함께 퇴출당했지요. 그럼으로써 1970년대 초에 솟아올랐던 새로운 청소년 취향의 포크와 록의 상승기운은 급격히 꺾였습니다.

그리고 록의 기류가 변화합니다. 그것은 기성세대를 포함하여 많은 대중가요 수용자들이 좋아하고 있던 트로트에 록의 사운드를 결합하는 방식이었죠. 당시에 이런 음악들을 '트로트고고'라는 묘한 명칭으로 부르기도 했습니다. (록을 '고고춤' 추기에 적합한 음악이라고 생각하고 있었기 때문에 이런 이름이 붙은 겁니다.) 록그룹 히식스의 리드보컬이었던 최헌이 「오동잎」, 「앵두」 등으로 히트하고, 록그룹 윤수일과 솜사탕의 보컬 윤수일이 내놓은 「사랑만은 않겠어요」 같은 작품이 대표적입니다. 선율은 트로트로 흘러가는데, 반주의 사운드는 록 사운드이며 가수의 목소리도 로커의 목소리로 바뀐 형태였습니다.

포크를 좋아하며 트로트 선율을 경멸했던 소수 청소년은 이런 노래를 좋아하기 힘들었을 겁니다. 하지만 록이 부담스러웠던 30대나 트로트 선율을 그리 많이 싫어하지 않았던 청년들이라면, 그저 무난하게 이런 노래를 좋아할 수도 있었습니다. 그럭저럭 새로운 것과 익숙한 것이 융합하고 절충한 모습이었던 거죠.

## 청소년부터 중노년까지 좋아한 슈퍼스타 조용필

하지만 이런 트로트고고 정도로는 세대 간 취향 갈등이 봉합된 절충의 시대가 왔다고는 보기 힘듭니다. 앞서도 말했듯이 1970년대 대도시의 고학력 청소년들은 트로트 선율에 치를 떨며 싫어하는 정도가 워낙 심했으니까요. 트로트고고는 이들까지 포용하기는 힘들었던 거죠.

대중가요사에서 세대 간 취향 갈등의 봉합은 1980년 조용필의 시대가 열리면서부터 가능해졌습니다.

(상략) 지난 5월 선풍적인 일본 NHK홀 공연으로 더욱 확고한 기반을 다진 그는 「못 찾겠다 꾀꼬리」 이후 1년여 만에 제5집을 출반한 것. 작사 작곡으로도 뛰어난 재질을 보여 온 그는 이 앨범에서 정풍송, 임석호, 이호준 등 정상급 작곡가들의 작품도 받아 다양한 패턴의 노래를 열창하고 있다. 젊은 층과 기성세대까지 폭넓은 팬을 확보하고 있는 그의 새 앨범이 지난 5일 발매되면서 인기리에 팔리고 있다고.

— 「조용필 새 앨범 발표, 「산유화」, 「한강」 등 담아」, 『경향신문』 1983.7.13.

이러한 기사를 인용하지 않더라도 조용필은 여러 세대의 지지를 고르게 받은 대표적인 가수라는 데에 반대할 사람은 거의 없을 듯합니다. 그 폭도 어마어마합니다. 10대부터

50-60대까지 망라하고 있었으니까요. 그러면서 10대와 20대 초반의 뜨거운 지지를 받으면서 당대 대중가요의 최고 인기 경향을 이끌고 있었습니다. 그저 무난하게 여러 세대를 아우른 정도의 가수가 아니라는 거지요. 한국대중가요사에서 대가수로 꼽히는 사람은 적지 않습니다만, 이런 인물은 거의 없습니다.

서태지만 봐도 그렇습니다. 청소년에게는 '문화 대통령'이었지만 이들의 부모 세대들에게는 자녀에게 "내게 그런 가르침은 됐어"(「교실 이데아」) 같은 노래를 가르치는 유해한 가수라고 생각했을 겁니다. 남진과 나훈아는 엄청난 라이벌전을 벌일 정도로 당대 최고의 가수였지만, 양희은이나 송창식을 좋아하는 청소년들에게는 완전 '비호감'이었으니까요. 그런데 조용필은 다릅니다. 송창식이나 신중현 노래를 좋아했던 사람부터 나훈아 노래를 좋아했던 사람까지 얼추 아우르는 엄청난 포용력을 지니고 있었습니다. 이런 가수는 20세기 한국대중가요사를 통틀어 보아도 전무후무합니다. 조용필의 이런 특성은 그의 작품세계가 여러 취향을 아우르는 다양성을 보여 주고 있기 때문입니다. 이를 간략하게 설명하면 두 가지로 요약할 수 있습니다.

첫째, 그는 같은 시기, 같은 음반에서 트로트, 록, 스탠더드팝 등 매우 다양한 다른 양식의 노래를 한꺼번에 수록했습니다. 예컨대, 1980년에 출반된 1집 음반을 봅시다. 「단발머리」는 키보드와 리드기타의 화려하고 경쾌한 연주에 당시 해외 록 가수들에게서나 볼 수 있었던 가성(假聲)까지 구사하는 조용필의 가창, 당시 우리나라 가요로서는 파격적인 화성 등으로 모던록 취향의 젊은이들이 좋아할 만한 노래입니다.

그에 비해 「사랑은 아직도 끝나지 않았네」 같은 노래는 전형적인 1960년대 스타일의 단조 스탠더드팝으로 20대에서 50대까지를 다루 아우르는 취향이라 할 수 있지요. 1976년 그의 첫 히트곡 「돌아와요 부산항에」는 트로트 선율에 록사운드가 결합한 전형적인 1970년대 후반의 트로트고고 스타일입니다. 여기에 1950년대의 히트곡이자 트로트 곡인 「대전 부르스」와 민요를 록 스타일의 가창으로 버무려 낸 「한오백년」까지 한꺼번에 수록되어 있지요. 좀 놀랍습니다.

이렇게 다양한 양식, 다양한 취향의 노래를 한 음반에 수록하는 방식은 이후 음반에서도 지속적으로 나타났습니다. 1981년 3집에서도 젊은 취향의 「고추잠자리」, 「물망초」와 5음계의 단조 트로트 「미워 미워 미워」, 「일편단심 민들레야」, 외국의 블루스 곡인 「님이여」, 민요 「강원도 아리랑」까지 뒤섞여 있습니다. 당시로서는 파격적인 가사로 스테디셀러가 된 「킬리만자로의 표범」은 1985년 8집 수록곡인데, 이 음반은 전형적인 장조 트로트 「허공」, 단조 스탠더드팝 스타일의 「그 겨울의 찻집」이 수록되어 대박 히트를 한 음반이기도 합니다. 그러니 그의 음반은 10대부터 중장년까지 모두 구입하는 음반이 됩니다.

조용필은 어떤 때에는 발랄한 오빠 분위기의 의상으로 「못 찾겠다 꾀꼬리」를 불러 청소년들을 열광시키다가, 바로 다음 날에는 보타이를 맨 중후한 정장 차림으로 「일편단심 민들레야」 같은 트로트를 목소리를 꺾으면서 불러서 중년들의 갈채를 받는 식으로 활동했습니다.

물론 「단발머리」를 좋아하는 청소년은 트로트곡인 「미워 미워 미워」를 좋아하기 어렵습니다만, 그래도 자신이 좋아하는 조용필이 부르는 노래이니 완전히 배척하기가 쉽지 않습니다. 마찬가지로 「일편단심 민들레야」가 마음에 드는 중년의 부모들도 자녀가 좋아하는 「단발머리」나 「못 찾겠다 꾀꼬리」를 청소년을 망치는 나쁜 노래라고 단언하기가 쉽지 않습니다. 조용필이 마음에 들기 때문이지요.

이렇게 한국대중가요사의 주요 양식들을 동시다발로 구사하는 특성은 조용필이 슈퍼스타가 될 수 있었던 한 요인이기도 합니다. 10대부터 중노년까지 모두 조용필을 좋아하니, 대중가요계로서는 최고의 상품인 셈이지요. 조용필이라는 슈퍼스타를 중심으로 대중가요계의 세대 간 취향 갈등은 봉합될 수 있었던 겁니다.

## 새로운 록과 익숙한 스탠더드팝을 탁월한 차원으로 결합

그런데 이것만이 아닙니다. 조용필은 1980년대 초중반 대중가요의 새로운 주류 경향을 만들어 내어 당대의 최신 유행을 선도했습니다. 즉 어중간하게 여러 세대를 아우른 것이 아니라, 앞으로 치고 나가는 선도적 역할까지 해냈습니다. 그런데 조용필이 주도한 1980년대 초중반 대중가요의 새로운 유행 역시도, 새롭고도 익숙한 것이었다는 점이 중요합니다. 저는 조용필의 작품 중 「창밖의 여자」, 「촛불」, 「물망초」, 「비련」 등으로 이어진 작품들이 바로 이 새로운 경향을 대표한다고 생각합니다. 모두 조용필이 직접 작곡한 작품들이지요.

그런데 이들 작품을 찬찬히 뜯어 보면 흥미로운 대목이 드러납니다. 선율의 기본적인 특성은 1960년대 스타일의 단조 스탠더드팝과 거의 다를 바가 없습니다. 1960년대 현미의 「보고 싶은 얼굴」, 패티김의 「초우」, 최희준의 「길 잃은 철새」 같은 노래들과 크게 다를 바가 없다는 겁니다. 이런 선율은 1970년대의 가요는 물론 김성태 작곡의 「동심초」 같은 가곡도 공유하고 있는 성격의 것입니다. 단조의 느린 템포로 비교적 큰 선율 비약 없이 순차적으로 오르내리며 슬픈 느낌을 자아내는 이런 노래들은 1960년대에 정립되어 1990년대까지 우리나라의 다양한 사람들에게 가장 거부반응 없이 받아들여지는 종류의 것이지요.

1960년대에는 좀 세련된 노래들이라 치부되었지만 1970년대로 넘어가면서는 평범하게 받아들여졌고 심지어 1990년대에는 이런 선율을 구사하면 다소 중년 분위기이거나 좀 촌스럽다고 취급되기도 했습니다. (심지어 트로트에서나 자아낼 법한 과도한 비애감을 지니고 있으나 한국 사람들을 쉽게 휘어잡는다는 의미로 '뽕끼'가 있다고 이야기하는 사람도 있습니다. 발라드에서 이런 선율을 써서 과도한 비애를 드러내면 '뽕발라드'라고 비하하기도 했지요) 이야기가 좀 길어졌습니다만, 1980년대 초에 이런 단조 스탠더드팝 선율은 트로트를 좋아하는 40대는 물론, 트로트라면 치를 떠는 10대까지도 그럭저럭 받아들일 수 있는 종류의 것이었습니다. 그런데 조용필이 만들어 낸 1980년대의 새로운 경향의 노래는 바로 이런 선율을 바탕으로 하고 있습니다.

그런데 이것만 반복했다면 새로운 것이 아니지요. 조용
필의 노래들은 이런 익숙한 요소를 기본으로 하면서 여기
에 당대에 가장 새로운 양식인 록을 결합했습니다. 그런데
그 결합 양식이 트로트 선율에 록 사운드를 결합한 트로트
고고처럼 단순한 방식이 아닙니다. 록이 가진 빠른 템포에
강한 리듬을 쓴다는 기존의 편견을 깨뜨리겠다고 마음먹은
듯 템포와 리듬이 느리고 유장합니다. 대신 리듬을 잘게 쪼
개는 방식의 분박으로 심심함을 없애고 역동적인 느낌을
주었지요. 사운드는 스탠더드팝을 완전히 탈피했습니다. 록
의 강렬한 질감을 가져오고, 리듬악기뿐 아니라 기타와 키
보드 등을 화려하게 배치하여 빈틈없이 꽉 채워놓습니다.
(기타 연주자였던 조용필이 미군부대 밤무대 시절에 그토록 키보드를
배우고 싶어 했다고 하죠.) 1970년대 노래들을 듣다가 조용필의
「창밖의 여자」나 「촛불」을 들으면 시쳇말로 '때깔이 다르
다'는 말이 바로 나옵니다.


## 익숙한 선율인데 한 옥타브 비약하여 샤우팅

게다가 선율을 과감히 바꾸었습니다. 단조 스탠더드팝의

기조는 유지하되, 록의 선율이 지닌 비약을 과감히 쓰는 겁니다. 그래서 전통적인 기승전결의 흐름을 갖지 않고 저음부와 고음부가 확연히 나뉘며, 고음부를 절규처럼 내뱉도록 샤우팅을 과감히 해냅니다. 「창밖의 여자」에서 '누가 사랑을 아름답다 했는가' 부분이 그런 것인데, 아예 고음부를 첫 부분에 배치하여 '그대는 왜 촛불을 키셨나요'(「촛불」), '기도하는 사랑의 손길로'(「비련」) 같은 강렬한 후크로 노래를 시작하기도 합니다. 이것은 모두 록의 특성들이지요.

당시 조용필이 「비련」을 부를 때의 분위기를 기억하시나요? 조용필이 '기도하는'이라고 첫 구절부터 고음을 구사하여 탁 던지면 객석에서는 팬들이 '꺄악' 하고 소리쳤습니다. 그리고 조용필은 다음 구절 '사랑의 손길로'로 이어가지요. 가수의 노래에 팬들이 소리치는 것은 이전에도 종종 있었습니다. 1974년, 1970년대 포크의 최고 히트곡이라 할 만한 어니언스의 「편지」 때에도 그랬죠. '말없이'라고 첫 구절을 노래하면 팬들이 '꺄악' 소리를 질렀는데, 그 바람에 바로 뒤의 '건네주고'가 거의 들리지 않을 정도였습니다. 말하자면 노래를 지을 때에 이 부분에서 객석의 반응이 나올 것이라고는 별로 생각하지 않았던 거죠.

그런데 조용필의 「비련」은 다릅니다. 아예 노래를 지을 때부터 첫 부분을 '기도하는'의 고음으로 시작하고, 팬들이 '꺄악' 하는 소리를 지를 틈에 노래가 4박자 한 마디를 충분히 쉰 다음에 '사랑에 손길로'로 이어갑니다. 이 노래의 후크(수용자를 잡아끄는 갈고리 같은 부분을 의미합니다)가 첫 부분의 이 대목이라는 것을 생각하고 지은 겁니다. 노래의 후반부에 '물새에게 물어보리라'의 절정부가 있지요. 이 구절 다음에 '물어보리라' 하는 구절이 나오는데요, 바로 이 '물어보리라' 대목은 첫 부분의 '기도하는'과 똑같이 가사만 바꾼 것입니다. 즉 후반에 배치된 절정부가 맨 앞에서부터 제시된 겁니다. 보통 스탠더드팝이나 포크는 이렇게 첫 부분에 절정을 배치하지 않습니다만, 록은 종종 이렇게 첫 부분에 고음의 선율로 절정부를 미리 제시하지요.

게다가 조용필의 이런 노래들은 화성까지 화려합니다. 스탠더드팝의 익숙한 요소를 가져왔다고 촌스럽게 보이기는 싫다는 자존심이 역력히 느껴집니다. 그리고 이런 화성을 키보드를 통해 화려하게 내뿜어 노래 전체를 감싸면서 작품 전체의 품격을 높여 주는 거죠. 이런 지점들은 1970년대 초의 키보이스, 윤항기를 비롯한 1980년대 후반 트로트고고의 노래들에서는 발견되지 않는 조용필만의 독특한 지점이었습니다. 제가 스탠더드팝과 록을 '탁월한 차원으로 결합'했다고 말한 것은 바로 이 때문입니다.

정리해 보자면 조용필이 만들어 낸 1980년대의 새로운 주류 경향은 가장 익숙한 것에 가장 새로운 것을 탁월하게 결합해 낸 것입니다. 이런 특성은 같은 시대의 노래들, 예컨대 윤시내의 「열애」, 김수철의 「못 다 핀 꽃 한 송이」 같은 많은 히트곡이 공유하고 있는 특성이기도 하지요.

그럼으로써 이들 노래는 그저 이 노래 하나만으로도 젊은 세대와 중장년 세대들의 취향 갈등을 상당히 봉합하고 있습니다. 남진이나 혜은이를 좋아하지만 신중현의 「미인」이나 대학가요제에 나오는 캠퍼스밴드들은 좋아할 수 없었던 중장년들도 조용필의 이런 노래의 선율은 호소력 있게 다가왔습니다. 또 음악적 취향이 세련되었다고 자처하며 비지스의 노래를 즐기면서 트로트고고 정도에는 마음을 줄 수 없었던 젊은이들에게도 이런 조용필의 노래는 꽤 흡족하다 할 만큼 세련된 느낌을 주었습니다.

이렇게 조용필은 여러 세대의 다른 취향을 한 몸으로 포용하고 통합하는 가수·창작자였고 1980년대(적어도 1980년대 초중반까지)는 조용필을 중심으로 여러 세대의 다른 취향이 만들어 낼 수 있는 갈등이 다소 봉합된 시기였습니다.

## 11장
# 서울올림픽과 국제화, 그리고 '언더'의 노래들

**「아침이슬」이 1981년에 발표됐다면 인기를 얻었을까**

앞에서 대중가요사의 1980년대가 절충과 종합의 시대였고 그래서 세대 간 취향 갈등이 상당히 봉합되고 완화되었다고 정리했습니다. 그럼 도대체 왜 1980년대 대중가요는 이런 특성을 지니게 되었을까요? 사실 이 문제는 저도 확실한 이유를 설명하기 쉽지 않습니다만 주섬주섬 몇 가지 점을 이야기해 보도록 하죠.

우선 정치적으로 매우 억압적인 시기였다는 것이 가장 큰 이유일 듯합니다. 물론 포크가 발흥하던 1970년대 초도 박정희 정권이 10월 유신을 감행하면서 엄청나게 억압적인 정치 환경이 만들어지기는 합니다. 하지만 1970년대 초는

1960년대부터 시작된 정치적 이슈의 대학생 시위가 수시로 일어나던 분위기였습니다. 1972년 10월 유신 이전까지 제3공화국 시절에는 유신 시대와는 달리 최소한의 삼권분립과 정당 체제가 유지되었습니다. 하지만 삼선개헌까지 해가며 장기집권을 하고 대학생과 지식인들이 그에 반대하면서 폭압의 수준이 점점 높아졌습니다.

정권과 대학생·지식인의 대립은 점점 드세어지며 충돌의 정도가 상승했습니다. 급기야 1971년의 대통령선거에서 현직 대통령이라는 프리미엄이 있었으면서도 야당 김대중 후보에게 어렵사리 이기게 됩니다. 이러니 박정희 정권은 아예 민주주의라는 헌정질서를 완전히 버리고 종신집권까지 가능하도록 10월 유신을 감행하게 되는 거지요. 그 1971년이 바로, 포크가 텔레비전에서 본격적인 성공을 하고 양희은과 김민기가 데뷔에 성공한 해입니다.

즉 포크의 기운이 형성되고 발흥하던 시기까지만 해도 청소년들의 자유주의적 분위기가 받아들여질 수 있을 정도의 사회 분위기가 되었던 겁니다. 그러다 유신 시대가 완전히 무르익는 1975년에 정권은 사회정화 조치, 대마초사건 등을 통해 그 기운을 말살시켜 버리게 됩니다. 그 이후인 1970년대 후반은 아시다시피 젊고 참신한 기운이 급격히 가라앉고, 어쩔 수 없이 낯익고 보수적인 취향이 득세하면서 트로트고고 같은 노래들이 인기를 끌게 됩니다.

그런데 1980년대 초중반까지 이런 정치적 분위기가 계속되었습니다. 박정희 시대가 끝나면서 민주화가 찾아오는가 싶었는데, 전두환을 필두로 한 군부세력이 12·12 정변을 일으키고 결국 1980년 5월 광주에서 유혈사태를 벌이면서 정권을 잡게 됩니다. 유신 시대나 다를 바 없는 전두환 정권의 7년이 시작된 것입니다. 총학생회조차 없이 경찰이 상주하는 대학가에서는 반정부 시위조차 제대로 하기가 힘들었습니다. 시위가 시작되면 5분 안에 주동자만 달랑 잡혀가는 이른바 '5분 시위'가 보편적 양상이었죠. (심지어 어느 명문대에서는 '학사건'이라 불리는 시위가 있었습니다. 대개 주동자가 '학우여!'를 외치며 시위를 시작하게 되는데 '학'에서 '우여'를 이어가지 못한 채 바로 경찰에 잡혀가 버린 '웃픈' 사건이었습니다.)

방송 등 언론환경 역시 최악의 상황이 계속됐습니다. 심지어 관제적인 건전가요 「아! 대한민국」을 작사한 박건호 씨조차도 「내 인생은 나의 것」 같은 가사가 심의에 걸렸다가 재심에서 겨우 통과되는 정도로 엄혹한 검열이 계속되었습니다. (이런 증언은 1991년부터 정태춘과 노래운동 단체들이 음반에 대한 검열철폐운동을 할 때에 방송 인터뷰를 통해 나온 것입니다.

그의 말로는 '내 인생은 나의 것'이라는 구절이 청소년이 즐기는 노래로서 너무 무겁다고 지적받았다더군요.) 대중가요 음반에는 「시장에 가면」, 「너와 나」 같은 노래들이 '건전가요'라는 이름으로 한 곡씩 의무적으로 수록되는 시대였습니다.

이런 정치 상황이 계속되니 무언가 기성세대의 권위에 도전적인 태도를 보이며 참신하고 자유주의적인 상상력과 행동을 하기가 쉽지 않았습니다. 대중가요에서까지 뭐 그렇겠는가 싶겠지만, 유신 시대부터 지속하여 온 폭압적인 검열은 창작자와 음반 기획자들에게 스스로 자기검열을 하도록 만들었지요. 뭔가 도발적이고 참신하고 저항적 포즈를 취하는 것에 대해, 창작자와 가수, 수용자 모두를 주저하게 하였습니다.

만약 1970년대 초의 양희은 같은 맑고 씩씩한 질감의 가수가 1980년대 초에 나타났다고 칩시다. 과연 그런 가수가 인기를 누릴 수 있었을까요? 저는 아니라고 봅니다. 검열에 걸려 「아침이슬」, 「세노야 세노야」 같은 노래로 음반을 내기 힘들었을 뿐 아니라, 수용자 대중들도 역시 이런 노래가 부담스럽게 느껴졌을 수 있습니다. '나 이제 가노라 저 거친 광야에' 같은 외침이 존재한다는 것만으로도, 사람들이 스멀스멀 두려움을 느낄 정도로 억압적인 세상이 되어 버렸으니까요.

## 물밑으로, 언더그라운드와 민중가요

그러면 뭔가 새롭고 참신하고 도발적인 노래를 만들고 부르고 싶었던 젊은이들의 욕구는 사라졌을까요? 그럴 리는 없지요. 광주항쟁 직후에 김준태 시인이 시에서 '사라지는 것은 아무것도 없다'고 했듯이 양지에서 밀려나 다른 곳에 숨어 있었던 겁니다. '언더' 즉 물밑으로 가라앉아 있었습니다.

텔레비전에서 받아 주기 힘든 참신하고 새로운 시도는 이른바 음반과 라디오, 콘서트 등을 중심으로 새로운 생태계를 꾸렸고, 사람들은 거기에 '언더그라운드'라는 이름을 붙여 주었습니다. 1980년대 중반을 넘으면서 이들은 무시할 수 없는 힘을 갖게 되었지요. 조동진, 정태춘, 들국화, 시나위, 유재하, 어떤날, 신촌블루스, 동물원 등에 이르는 어마어마한 언더그라운드의 약진이 이루어진 때가 바로 1980년대였습니다. 텔레비전에서는 만날 수 없었던 이들이 있었기에, 1990년대 대중가요의 새로운 시대가 열릴 수 있었다고 감히 말할 수 있습니다.

이들에 비해 사회비판적으로 도발적인 노래를 하고 싶은 젊은이들의 욕구는 민중가요라는 완전히 다른 노래문화로 성장했습니다. '언더그라운드'라는 명칭으로도 포섭되지 않는 더 밑의 '언더'였습니다. 아예 대중가요가 아닌 노래였던 거죠. 공식적인 음반시장과 무관하게 그저 구전과 대학 동아리, 악보와 불법 카세트테이프 등을 통해 향유된 노래지요. 당연히 검열을 받을 필요도 없었으니 온갖 '불온한' 상상들이 다 노래로 만들어져 불렀습니다. 즉 민중가요는 상업적 대중매체에 의존하는 대중가요와는 완전히 그 존재방식이 다른 노래문화였습니다. 여기에는 검열이 없으니 노래에 대한 가위질도 없고 금지곡도 없습니다. 그저 수용자 대중이 좋아하면 불리고 좋아하지 않으면 도태되는 민요와 같은 성격의 노래입니다.

시위나 집회에서 노래를 부르는 현상이야 세계 어느 시대, 어느 사회에서나 존재합니다. 우리나라에서도 계속 이런 노래가 있었습니다. 동학농민전쟁 때도 노래를 불렀고, 일제강점기, 4·19 혁명, 그리고 1960년대의 수많은 대학생 시위 때에도 노래를 불렀습니다. 하지만 이런 노래가, 시위 현장을 떠나서 일상 속에서도 계속 불리는 경우는 거의 없습니다. 행진이 끝나고 일상으로 돌아와서까지 행진곡을 부르는 사람은 별로 없지요. 그런데 민중가요는 다릅니다. 시위용 노래도 없지 않지만, 민중가요의 상당수는 시위 때에 불리지 않으며 시위에서 부르기에 적당한 노래도 아닙니다.

특히 1970년대 후반부터 1980년대 초까지는 그렇게 노래를 부를 만한 시위도 거의 없었습니다. 그러니 이들 민중가요는 대학생들이 일상 속에서 부른 노래들입니다. 즉 다른 사람들은 일상 속에서 조용필, 송골매, 들국화 노래를 흥얼거릴 때, 민중가요 향유자들은 「타는 목마름으로」, 「솔아! 푸르른 솔아」, 「그날이 오면」 같은 노래를 부르며 살았습니다. 대중가요로는 채워지지 않는 갈증을 새로운 노래로 만들거나 발굴해서 부르는 것으로 채운 겁니다.

1970년대 후반에 민중가요 문화가 처음 시작될 때에는 김민기의 「아침이슬」, 「친구」 같은 대중가요가 민중가요로 유입되어 재해석되었습니다만, 1980년대가 되면 수용자들이 스스로 노래를 만들고 몇 년 지나면서 민중가요 전문가들이 생겨 노래를 짓고 연주하고 배포하는 역할을 하게 되었습니다. 이런 활동을 '노래운동'이라고 불렀지요. 그래서 민중가요에는 엉성하게 만들어진 아마추어의 노래도 있었지만, 문승현이 작사·작곡한 「그날이 오면」, 「사계」, 「이 산하에」 같은 아주 완성도 높은 노래들도 많습니다. 이런 노래를 다루는 전문가 그룹이 전국적으로 포진했고요.

급기야 1987년 대한민국의 두 번째 시민혁명인 6월항쟁이 성공하면서, 이들의 일부는 노래를찾는사람들, 노래마을

등의 이름으로 합법적인 대중가요 공간에서 음반으로 나오고 수십만 장을 파는 인기몰이를 했습니다. 1989년에 출반된 노래를찾는사람들의 2집 음반(「솔아 푸르른 솔아」, 「광야에서」 등이 수록되어 있습니다)은 무려 70-80만 장이나 팔렸다고 합니다. 안치환, 권진원 등이 이런 그룹을 통해 솔로 가수로 배출되었고, 김광석도 이곳을 거쳐 갔습니다. (김광석이 노래를찾는사람들 시절에 부른 민중가요 「녹두꽃」 공연실황 음원이 남아 있지요. 말랑한 노래를 부르던 김광석과는 전혀 다른 느낌입니다.)

즉, 1980년대는 텔레비전을 중심으로 한 주류 대중가요 영역에서는 세대 간 취향 갈등이 드러나지 않는 종합과 절충의 양상을 보여 주었지만, 그것에 동의하지 못하는 참신하고 불온한 예술적 욕구는 완전히 '딴 동네'에서 딴 살림을 차려 살고 있었습니다. 이들이 수면 위로 올라가지 않아서 갈등이 드러나지 않았던 셈이지요.


## 팝송처럼 세련된 한국 대중가요

1980년대의 대중가요에서 세대 간의 취향 갈등이 다소 누그러지는 종합과 절충의 시대가 펼쳐지는 또 다른 이유를 생각해 볼 수도 있습니다. 대중들의 욕망 깊숙한 곳을 들여다보는 일이지요.

1980년대는 억압적인 상황 속에서도 경제성장은 계속된 시기였습니다. 그런데 정치는 아주 억압적이었습니다. 그러한 정치상황을 뒤엎을 수 없다고 체념한 대중들이 몇 년 동안 꾹 참고 살아갈 수 있었던 것은 아마도 경제성장 덕분이었을 겁니다. 즉 이 시대는 중산층 대중들의 경제성장에 대한 욕망이 점점 상승해서 국제적 수준의 삶에 근접할 수 있다는 꿈이 막 가시화되는 시대였기 때문입니다. 이렇게 되면 대중가요에 대한 욕망도 기존의 권위에 도전하고 개성을 드러내는 자유주의적인 선택을 하기보다는, 세계 선진국들이 누리고 있는 부유하고 멋지고 럭셔리한 질감을 확보하는 방향으로 나아갈 가능성이 꽤 있습니다.

1970년대에는 정부가 '대망의 80년대'가 되면 '국민소득 1천 달러'가 되어 모두 잘살게 될 거라고 허리띠 졸라매고 일할 것을 독려했습니다. 1970년대 중반에 중학생이던 저는 '백만 불 수출, 천 불 소득'이라는 표어가 적힌 포스터를 미술 시간에 그렸던 기억이 있습니다. 1인당 국민소득 3만 달러를 바라보고 있는 지금, '꼴랑' 1천 달러를 그토록 간절하게 바라던 때를 생각하면 정말 격세지감이 있습니다만, 그땐 그랬습니다.

그런데 우리는, 1980년대 초에 벌써 2천 달러를 넘고, 올림픽을 치르고 난 1980년대 말이 되면 5천 달러도 훌쩍 넘을 정도로 고속성장을 합니다. 꿈처럼 보였던 선진국 대도시의 현대화된 삶과 엇비슷한 생활이 중산층들에게 가능할 수 있을 것이라는 생각이 들기 시작한 것이 바로 1980년대입니다. 연탄 없는 아파트와 승용차를 소유하고, 재래시장이 아닌 매끈한 슈퍼마켓에서 카트를 밀면서 장을 보고, 햄버거나 프라이드치킨 같은 패스트푸드를 코카콜라와 함께 먹으며, 컬러텔레비전 앞에서 거버 이유식을 먹이고, 피아노 교습까지 시키면서 키운 자녀를 대학에 진학시키는 삶 말입니다. 1970년대에는 최고 부유층에게도 쉽지 않았던 이런 생활이 1980년대에는 중산층도 도달할 수 있는 삶이 되었습니다.

대중가요도 비슷합니다. 1970년대까지의 우리나라 대중가요가 아무래도 '한국가요스러운' 촌스러움이 남아 있어 늘 열등감을 느끼게 했다면, 1980년대 중반을 넘어서면서 미국과 서구의 대중음악에 꽤 근접하는 노래들을 내놓는 것이 가능해졌습니다. 그 시작은 조용필이었고 1980년대 중반을 지나면서 화려한 발라드의 시대를 맞아 그 꿈은 더욱 확실해졌지요. 대중가요계 관계자들의 말에 의하면, 한국 대중가요의 음반 판매가 팝송을 능가하는 시대에 접어든 것이 바로 1980년대, 좀 더 정확하게는 1980년대 중반을 지나면서였다는군요. 당시 신문기사에서도 이런 흐름은 확인됩니다.

지난 1년의 국내 가요는 예년 수준을 밑도는 고전의 한 해였다. 가수 지망생이 늘고 팬들도 증가했지만 오히려 레코드 구매력은 떨어진 현상을 보였다. 이는 계속된 경기불황과 학원가 소요, TV프로 등 매스컴이 스포츠 쪽에 편중되면서 이 분야를 크게 위축시켰기 때문이다. (중략)

그러나 음반시장의 위축과 다르게 청소년들의 음악 선호가 팝송 위주에서 가요 쪽으로 선회했으며 이와 맥락을 같이한 가수들의 진지한 노력이 돋보인 해였다. 한때 70대30으로 팝송에 빠졌던 청소년들은 올들어 50대50 정도로 가요와 균형 이룬 현상을 나타냈는데 이는 우리 노래의 수준 향상과 애정을 갖게 된 것으로 풀이된다.

— 장정낭(기자), 「청소년 가요 팬 부쩍 늘어」, 『경향신문』 1986.12.24.

이 기사가 쓰인 1986년은 아시안게임이 있었던 해였고 그래서 스포츠에 비해 다른 대중예술에 대한 매스컴의 관심이 줄어들었습니다. 다른 한편 5년 넘게 승승장구 슈퍼스타 자리를 놓지 않았던 조용필의 상승세도 조금 둔화된 때였고요. 바로 이 시기부터 언더그라운드의 새로운 경향이 고개를 듭니다. 「그것만이 내 세상」, 「행진」 등이 수록된 1985년 들국화의 전설적인 첫 음반은, 텔레비전에 나와 재치 있는 말을 하고 '재롱떠는 짓'(대중음악인들이 이렇게 표현하더라고요)을 하지 않고서도 그저 라디오에만 노래가 나오고 콘서트에서 팬을 만나는 것만으로도 수십 만 장이 팔렸습니다. 이를 본 젊은 록그룹들이 '이런 게 가능하구나'라고 생각하며 너도나도 음반을 내게 되었다고 합니다.

이 시기에 나온 들국화, 유재하, 어떤날, 김현식, 한영애, 신촌블루스 등으로 이어지는 언더그라운드의 노래들을 들어 보면 '한국에서도 이런 음악이 나와?'라는 말이 저절로 나옵니다. 이런 것에 자극받으며 주류 경향도 달라지지요. 라디오와 텔레비전을 교묘히 오가던 이문세는 창작자 이영훈의 노래를 받으며 화려한 발라드의 시대를 예비하고, 1970년대 포크그룹 해바라기에서부터 이정선과 함께했던 이광조는 「가까이 하기엔 너무 먼 당신」 같은 화려한 노래로 텔레비전의 인기를 끕니다.

급기야 1988년 변진섭의 시원스러운 고음으로 발라드는 완전히 주류 최고의 인기 경향으로 자리를 잡지요. 도시적이고 현대적이며 화려한 노래는 이렇게 1980년대 후반을 채워나갔습니다.

그래서 1970년대까지는 '나 음악 좀 듣는 사람이야'라고 자처하는 젊은이들이라면 누구나 팝송을 들었는데, 1980년대 중반을 지나면서 이제 팝송을 듣지 않고 한국 대중가요만 듣는 것만으로도 어느 정도 세련된 음악에 대한 욕구를 해결할 수 있게 되었습니다. 1980년대 초에는 TV에서 인기를 누렸던 팝송 프로그램도 1980년대 중반을 지나 후반으로 가면 기세가 꺾이지요.

## 숙련된 예술기량과 안정감

되돌아보면 확실히 1980년대 대중가요계는 음악을 다루는 예술기량이 숙련되고 안정감을 지니는 시대였습니다. 물론 이런 시대가 1980년대만은 아닙니다. 예술기량의 안정이나 숙련이 나타나는 때는 흥미롭게도 세대 간의 취향 갈등이 다소 봉합되는 시기입니다. 바로 1960년대가 그런 시기였지요.

갈등의 시기와 화합의 시기를 몇 번씩 겪어 보니, 이즈음이면 확실히 깨닫게 됩니다. 젊은이들이 기성세대의 취향을

거부하고 아주 새롭고 참신한 경향을 선호하면서 마구 솟아
오르는 시대에는 예술기량을 갈고닦을 만한 여유와 안정감
이 생기기 어렵습니다. 그저 새로운 시도를 드러내기에 바
쁘지요. 그러다가 그다음 시기에 젊은이와 기성세대의 취향
갈등이 다소 완화되고 절충하는 시대가 되면 앞선 시대의
새로운 시도를 수용하면서 기량을 갈고닦는 시대가 펼쳐집
니다.

1970년대 초의 포크의 발흥은 1960년대에 이룩한 예술
기량의 숙련을 무시하고, 전문적인 주류 가요계의 시스템
바깥인 아마추어 대학생으로부터 새로운 양식이 솟아오른
것이었습니다. 그래서 지금 들어 보면 기술적 숙련도는 다
소 떨어지는 측면이 있습니다. 줄이 잘 맞지 않는 기타를 그
냥 튕기고 있고, 풋풋하지만 숙련의 느낌이 없는 가수들의
목소리가 인기였습니다. 기량을 갈고닦아 탄생한 슈퍼스타
가 아닌 패기만만한 다수의 신인이 등장했던 거지요.

이러한 1970년대와 달리 1980년대 조용필의 시대는 다
시 기술적 숙련도가 높은 대중가요의 시대가 도래한 것이
라 할 수 있습니다. 조용필은 철모르던 하이틴 시절에 가
출하여 기지촌 밤무대를 거치며 긴 무명의 시기를 보냅니
다. 1976년에 겨우 「돌아와요 부산항에」 한 곡이 히트했지

만, 곧 대마초 흡연 혐의로 활동이 정지되었습니다. 다시 고난의 몇 년을 보내고 나이 서른이 되어서야 「창밖의 여자」를 히트시킬 수 있었죠. 대학생 시절에 바로 인기스타가 된 1970년대 포크송 가수들과는 꽤 다른 궤적입니다.

이렇게 산전수전 다 겪으며 철들고 다듬어진 노래들은 그 숙련성 덕분에 폭넓은 호소력을 지녀 확실히 안정된 이윤을 예상할 수 있지요. 즉 1980년대는 풋풋하고 도발적인 시도보다는 매끈하게 다듬어지고 안정된 이윤을 예상할 수 있는 작품들이 대거 등장하는 시대였고 이를 이끈 것이 바로 슈퍼스타 조용필이었습니다.

그런데 이 시절에는 언더그라운드의 상당수도 그랬습니다. 풋풋한 젊은이들도 없지 않았습니다만, 언더그라운드 포크계의 거두 조동진, 뒤를 이은 정태춘, 포크에서 출발하여 신촌블루스를 이끈 이정선, 들국화의 전인권과 최성원 모두 1980년대 중반에 이미 30대였습니다. 참신한 감각과 발상으로 승부하는 나이가 아니라, 십수 년 고생하면서도 포기하지 않고 갈고 닦으면서 원숙한 기량을 지닐 나이였습니다.

하지만 이런 시대가 계속 가지는 않았습니다. 세상이 바뀌어 다시 세대 간의 취향 갈등이 격화되는 시기가 도래하고 있었으니까요.

## 12장
# 서태지 시대의 세대 갈등과
# 1990년대

### 다시 화두로 등장한 '세대'

한국 대중가요사에서 세대 간의 취향 갈등이 완화되었던 종합과 타협의 시대가 지나고, 다시 갈등이 격화되는 시대가 도래했습니다. 슈퍼스타 조용필의 시대가 완전히 끝난 1990년대에는 1970년대 초 청년문화 시대 못지않은 큰 갈등이 기다리고 있었지요.

1992년부터 시작하는 한국대중예술사의 1990년대 최대 화두는 '신세대문화'였습니다. 대중가요계에서 벽두부터 터진 뉴키즈온더블록 사건과 데뷔 앨범 한 장으로 대중가요계 주류 경향을 바꾸어 버린 서태지와아이들 신드롬은 격한 세대교체의 대표적 현상 중의 하나였지요. 신문과 방송은 1997년 즈음까지 앞다투어 신세대문화에 대한 취재와 분석들을 내놓았습니다. 이제 시작입니다.

'신세대문화'라는 말이 화두로 떠올랐다는 것 자체가 이미 세대 간의 문화적 갈등이 크다는 점을 고스란히 말해 줍니다. 어느 시대에나 아이들은 태어나고 어느 시대에나 기성세대와 청소년의 문화적 불화는 있게 마련인데, 특별히 '신세대문화'가 화두로 등장했다는 것은 다른 시대에 비해 문화의 세대 갈등이 크게 나타나는 시기라는 의미이지요. 이미 1970년대 초에 나타났던 '청년문화'라는 용어도 세대론적 발상의 조어였습니다. 즉 1970년대 초는 이런 말이 나타날 정도로 청소년 세대와 기성세대의 문화적 갈등이 컸다는 의미일 수 있는 것이지요.

이제 익숙하시지요? 기성세대들이 청소년 세대의 문화에 대해 아주 못마땅해 할 것이며, 그 근거라는 것을 따져 보면 꽤나 치졸하고 비상식적인 것일 듯하다는 감이 이미 오기 시작할 겁니다. 1930년대 트로트가 부상할 때도, 1950년대 후반 맘보 열풍 때에도, 1970년대 포크송 시대에도 늘 그랬으니까요. 어느 시대에나 기성세대가 주도하는 여론에서 불건전한 청소년문화에 대한 비판이 나오기 마련입니다.

그리고 이는 새롭게 상승하는 문화의 주인공인 청소년들

도 마찬가지입니다. 마치 1970년대의 청년문화가 강렬한 반(反)기성세대의 태도를 보이고 포크송 향유자들이 반트로트적 태도를 드러냈던 것을 기억하시지요? 1990년대 신세대는 구세대에 대한 강한 문화적 반감을 드러내는 양상을 보여 주고 있습니다. 그러니 대립과 갈등은 격해질 수밖에 없습니다.

## 신세대 담론의 시작은 '압구정동 오렌지족'

1970년대에 장발과 사이키델릭 음악 같은 히피문화가 공격의 초점이 되었다면, 1990년대의 구세대는 이른바 '압구정 문화'를 공격하는 것으로 시작했습니다. 우리나라 실정에 걸맞지 않게 사치와 향락, 퇴폐에 물들어 있다는 공격이 가장 여론을 움직이기가 편하지요. 이런 '약한 고리'를 선택하는 것은 비단 의도된 판단의 결과라기보다는 어찌 보면 아주 자연스러운 일이기도 합니다. 누구나 비판을 하려면 상대방의 약한 곳을 간파하고 그곳을 공격하게 마련입니다.

새롭고 낯선 소비문화, 성문화를 만들어 내고 있는 속칭 '오렌지족' 젊은이들의 신풍속도를 새로운 진행자 김태우 씨(사진)와 함께 다각도로 진단해 본다. 이들은 70, 80년대 경제성장의 혜택으로 강남 지역에 뿌리내린 부유층 2세와 부를 바탕으로 해외여행이나 유학 경험이 있는 유학생파가 중심을 이룬다. 이 오렌지족에게는 외제 일색의 옷차림과 풍부한 돈, 고급승용차를 소유하는 것은 필수이며, 남녀 간의 대담한 몸짓, 하룻밤에 끝내는 인스턴트 사랑은 당연한 일로 치부된다. 나만 잘살면 된다는 기성세대의 잘못된 교육, 개성 중심의 사고, 외래문화의 무분별한 수용 속에서 태어난 오렌지족들은 과연 누구인지 알아본다.

—「'오렌지족' 신풍속도 진단 △여론광장 《오렌지족 그들은 누구인가?》 (M 오전 10시)」, 『한겨레신문』 1992.11.7.


    MBC TV에서 요즘 신세대들의 이른바 '오렌지족' 현상을 논한다는 예고기사입니다. 소개하는 기사만 봐도 이 프로그램의 신세대 '진단'이 얼마나 비판적일지 뻔히 보이지요. 1990년대가 그리 오래된 과거가 아니어서 많이 기억날 것 같습니다만, 기억이란 늘 선택적입니다. 서태지 시대에 대해 지금의 30-40대들은 아름다운 기억만 갖고 있을 수 있습니다. 하지만, 당시 이 시대가 열릴 무렵에 언론의 신세대 담론은 '오렌지족'에 대한 비판으로 채워졌습니다. 신문보다 방송은 대중문화 현상에 대한 비판이 다소 부드럽다는 특징이 있습니다. 방송에서는 보도 프로그램만이 아니라, 연예·오락 프로그램이 중요하기 때문이지요. 그런 방송에서까지 '오렌지족'을 정색하며 논한다는 것은 이 주제가 당시에 얼마나 많이 이야기되고 있던 것인지 보여 줍니다.

자신의 노력이나 능력과 무관하게 오로지 부모 잘 만난 덕에 일찌감치 외국유학, 해외 거주 경험을 가짐으로써 미국과 서구의 생활문화를 몸에 익히고, 부모의 재산을 배경으로 미국식 생활문화, 특히 소비문화와 성문화를 고스란히 한국에 옮겨 놓는 젊은이들이란 일반 대중들에게는 공분의 대상일 수 있습니다. 지금도 '금수저/흙수저' 담론은 대중적이고 자극적이지요. 그들의 부가 공정한 경쟁의 결과가 아니고, 민주주의 사회에서 부당한 것이라 느끼기 때문입니다.

'오렌지족'이란 말에 흔히 붙는 '압구정동'이란 지역은 서울 강남구의 한 동네를 넘어서서 일종의 상징, 기호가 되었습니다. '압구정동 현대아파트', '강남 8학군'에 위치한 '압구정동 현대고등학교'가 1980년대 말에 세인의 관심을 끌던 시대가 있었지요. 이즈음 유하 시인은 「바람 부는 날이면 압구정동에 가야 한다」라는 자신의 시에서 제목을 따서 영화까지 만들었죠. 작품의 성패를 떠나서 그냥 제목만으로도 이 시대에는 화제가 되었습니다. 1992년에 발표한 신성우의 노래에도 「Rock'N Roll+압구정동, 공주병」이란 제목의 곡이 있지요.

게다가 여전히 성적 순결이 중요하게 생각되는 사회에서 '원 나이트 스탠드'는 부도덕한 나쁜 짓으로 받아들여졌고, 비판적 여론의 먹잇감이 되기에 딱 좋았습니다. 그러니 당연히 여론은 젊은이들의 새로운 유흥 공간인 록카페를 집중적으로 물고 늘어집니다.

## 록카페가 뭐길래

젊은이들의 유흥 공간이란 늘 시대에 따라 변화하기 마련입니다. 일제강점기의 다방·카페나 1970년대의 고고장 같은 것이 대표적이지요. 대가족이 모여 살기 때문에 젊은이들이 또래를 만나 차나 술을 마시며 이야기하고 노래와 춤을 즐길 수 있는 곳은 집 바깥이었습니다. 어른들이 기생을 부를 수 있는 음식점에서 춤과 노래를 즐겼다면, 젊은이들에게는 또 다른 곳이 필요했겠지요. 1990년대 초에는 그 새로운 것이 록카페일 수 있습니다. 어른들은 자신들 눈에 띄지 않는 곳에서 노는 젊은이들이 한편으로 궁금하고 다른 한편으로 못마땅하게 여기기 마련입니다.

일부 TV 오락프로그램이 요즘 흔히 '압구정 문화'라고 불리는 일부 젊은 층의 문화를 무비판적으로 수용, 방송하고 있어 문제점으로 지적되고 있다. 청소년과 대학생을 대상으로 하는 이들 프로그램들은 압구정풍 젊은이들의 소비풍조나 쉽게 만나고 쉽게 헤어지는 사랑법, 타인을 의식하지 않는 이기심 등 말초적인 행태들을 부추기고 있는 반면에 대다수의 청소년이나 대학생들이 갖고 있는 의식과는 아주 거리가 먼 프로그램을 제작, 방송하고 있는 것이다.

최근 방송위로부터 사과명령을 받았던 KBS2의 《유쾌한 응접실》의 경우 대학가 록카페를 비추면서 카메라가 미니스커트를 입고 춤을 추는 여자의 다리 밑을 집중적으로 비추는가 하면 진행자 역시 록카페 문화를 찬양하는 것을 그대로 방송해서 많은 시청자들로부터 빈축을 샀다.

— 오광수(기자), 「'압구정 오렌지 문화' 안방 오염」, 『경향신문』 1992.10.24.


이 TV 프로그램을 보지 못했지만 대강 짐작이 됩니다. 카메라는 록카페를 선정적으로 포착하고 진행자는 록카페를 퇴폐와 타락이 아닌 새로운 문화라는 논조로 이야기한 모양입니다. TV 등의 대중매체에서 젊은이와 대학생을 들먹이며 그들의 문화를 특정 방향으로만 보여 주는 일이야 늘 있던 일이지요.

그런데 여기에서 흥미로운 말이 있군요. '록카페 문화'란 표현 말입니다. 젊은이들의 록카페 문화가 그리 바람직하지 않은데, 이를 비판적이지 않게 다루었다고 이 기사는 질타합니다. 그런데 그 록카페가 '대학가'랍니다. 그러니 사실 압구정동과는 거리가 좀 있지요. 구세대 입장에서야 신촌이든 압구정동이든 젊은이들이 술 마시고 춤추는 공간은 다 똑같이 보일 수 있습니다만, 이를 즐기는 주체들은 결코 그렇지 않았지요.

대학가 록카페가 압구정동 오렌지족 문화라고 보는 것에 아마 고개를 절레절레 흔드는 사람들이 꽤 있었을 겁니다. '미니스커트를 입고 춤을 추는 여자의 다리'에만 카메라 포커스를 맞추고, 이런 화면에만 눈길을 주는 사람들이야말로 대학가와 압구정동을 구별하지 못하는(혹은 안 하는) 사람들일 수 있습니다. 록카페가 계속 입질에 오르내리자 대학생들이 나서서 실상을 조사하고 반론을 제기했습니다.

10대 후반-20대 초반의 젊은이들에게 폭발적 인기를 끌고 있는 록카페는 확실히 새로운 형태의 문화 유형이다. 비교적 적은 비용으로 술과 음악, 춤을 함께 즐기면서 동시에 이성과의 데이트 기회를 가질 수 있는 공간이 이전에는 거의 없었기 때문이다.

그러나 귀청을 찢을 듯한 강렬한 음악, 환각적이라 할 만한 조명, 심한 노출과 기괴한 옷차림, 어둠 속에서 이뤄지는 은밀한 '부킹' 행위 등으로 이미지가 박힌 록카페에 대한 인식은 유흥가 일반의 폭력, 성적 문란 행위 등과 맞물려 "젊은이들을 병들게 하는 퇴폐적 공간"이란 비판으로 직결되고 있다. (중략)

연대 사회학과 학생회가 '신촌문화의 올바른 자리매김을 위한 대안 모색'의 하나로 마련한 이날 토론회는 록카페의 주요 '소비자'인 학생들 스스로가 록카페에 대한 비판의 허와 실을 살펴보고 심층적인 진단을 통해 대안을 찾아본 최초의 자리였다는 점에서 눈길을 끌기에 충분했다. 학생들은 우선 언론·행정당국 등 사회 일반의 록카페에 대한 비판이 다분히 과장돼 있고 심지어 조작된 '마녀재판'의 측면이 강했다고 실지조사 결과를 밝히고 있다. (중략)

실지조사를 담당한 한지수(사회3) 씨는 "록카페가 눈맞춤→합석→춤→여관행이란 '부킹의 천국'으로 소문나 있으나 실제로 살펴본 결과 록카페의 부킹은 소문만큼 그렇게 많지 않은 것으로 나타났다"고 말했다. (중략)

그러면 젊은이들은 왜 기성세대의 과장된 거부감을 무릅쓰고 록카페로 몰리는가. 토론회 참석자들은 그 이유로 "싼값에 그들이 좋아하는 분위기에서 술과 음악, 춤을 동시에 즐길 수 있는 자기들만의 공간을 갈구하고 있기 때문"으로 분석한다(록카페는 미성년자 출입

금지가 유독 많은 우리 사회에서 거의 유일하게 '기성세대 출입금지 구역'을 표방한다). "디스코테크가 한때 젊은이들을 끌어들였으나 이내 기성세대가 '물'을 흐려놓았다. 그들은 퇴폐·저질의 음란한 무 희를 요구했고, 경제력을 앞세워 가격만 올려놓았다. 젊은이들은 이 지저분한 곳으로부터 독립하길 원했다. 그래서 찾아낸 것이 록카페 다." "록카페는 무대가 없다. 자기 자리가 곧 무대이다. 이는 사회적 권위로부터 벗어나려는 '신세대'들의 의식세계를 반영한 것이다." (중략)

그러나 록카페를 젊은이들의 해방구로 상정할 수 있느냐는 질문에 대 해서 학생들은 부정적인 결론을 내리고 있다. 록카페가 기존의 유흥 업소에 비해 '진일보한 놀이문화'인 것으로 여겨지기는 하지만 그것 이 현실적으로 수행하는 기능은 결국 기성세대들이 만들어 놓은 문화 의 자본주의적 왜곡과정을 그대로 밟고 있기 때문이라는 것이다.
— 이인우(기자), 「록카페 '우리 공간' 만들기, 연세대서 신촌문화 자리매김 토론회」, 『한겨레신 문』 1992.10.27.

　　참 흥미로운 기사입니다. 1970년대의 기성세대들이 청년 문화를 '미국 바람'이 들어 마약이나 하는 정신 나간 젊은 이들의 문화로 우려했던 것처럼, 1990년대에 구세대가 주 도하는 여론은 '압구정동 오렌지족'이란 말로 대표되는 화려한 소비문화와 문란한 성으로 신세대의 문화를 비판한 건데요. 정작 대학생들은 퇴폐를 비판하는 기성세대야말로 젊은이들의 공간으로 들어와 '물을 흐려놓는 장본인'이라고 화살을 되쏘아 보낸 겁니다.

1970년대에 고고장으로 대표되던 춤추는 공간이 1970년대 말에 디스코가 새로운 유행 춤으로 등장하면서 '디스코장'으로 불리게 됩니다. 한편에 술을 마실 수 있는 테이블과 의자가 놓이고, 다른 한편에 춤을 추는 넓은 공간이 마련되어 있고, 살짝 높은 무대 위로 밴드나 디제이가 음악을 제공해 주는 공간 배치가 전형적인 디스코장 모습입니다. 그리고 빠른 리듬의 음악을 배경으로 한 '고고 타임' 혹은 '디스코 타임'이 나온 후 느린 리듬으로 커플 댄스를 추는 '블루스 타임'이 반복 교체된다는 점에서 고고장이나 디스코장은 사실 그리 크게 다르지 않습니다. 그런데 1980년대 중반이 되면서 무대 위에서 반라의 무희들이 춤을 추는 디스코장들이 늘어났습니다. 대개 화려하고 비싼 곳이지요. 그곳에서는 웨이터에게 부탁하면 함께 춤을 추어 줄 여성 파트너가 나오기도 합니다. 1970년대에 젊은이들의 모이던 고고장과는 다른, 돈이 있고 성매매문화에 익숙한 '어른 남성', '아저씨'들의 문화가 유입되어 뒤섞인 겁니다.

그러니 스물이 갓 넘은 남녀 대학생들에게는 이런 디스코장은 불편하고 불쾌하면서 비싸서 가기도 힘든 곳이지요. 그런데 맥주 한 잔 값만 내면 술 마시고 춤도 출 수 있는 저렴한 가격, 춤추는 공간과 술 마시는 공간이 따로 분리되지 않아 자유로운 공간이 새롭게 생겼고, 그게 록카페였던 겁니다. 그런데 이 록카페가 성행하자 다시 어른들이 음란하다고 비판하니 대학생들로서는 열 받을 수밖에 없겠지요. 생각해 봅시다. 술자리에서 마음에 맞는 남녀가 즉석에서 커플이 되어 춤을 추다가 '원 나이트 스탠드'로 동침하는 것이 더 비윤리적일까요, 아니면 여성 파트너를 돈 주고 고용하여 블루스를 추고 '2차'를 가는 것이 더 비윤리적일까요? 적어도 전자는 불법은 아닙니다. 그런데 후자는 성매매가 금지되어 있는 우리나라에서는 확실한 '불법'입니다.

## 서른 살도 따라 하기 힘든 랩댄스

하여튼 1990년대 초에 10대 후반과 20대 초반의 새로운 문화는 기성세대(이 시대에는 '구세대'란 표현을 더 많이 썼습니다)들에게 새롭고 충격적인 것으로 다가왔습니다. 대중가요의 주류 경향도 바뀌었고, 이 역시 구세대들에게는 낯선 것이

었습니다. 그 대표적인 것이 서태지와아이들이 바람을 일으
킨 랩이었습니다.

십대들 사이에서 댄싱그룹 '서태지와아이들'의 돌풍이 일고 있다. 이
그룹은 발라드 위주의 요즘 가요계 추세에 걸맞지 않게 댄스뮤직 붐
을 일으키는가 하면 음반 출반 40일 만에 20만 장의 판매고를 올리
는 등 폭발적 인기를 끌고 있는 것. (중략)
한때 큰 인기를 모았던 '소방차'보다 한층 감각적이어서 청소년들의
모방심리를 자극한다는 비판적인 시각도 없지 않다.
— 박성수(기자), 「한국판 뉴키즈 '서태지와아이들' 폭발적 율동 주가 상승」, 『경향신문』
1992.6.13.

'청소년들의 모방 심리' 운운이 비판의 초점으로 타당하
다고는 생각지 않으시겠지요. 청소년들은 늘 연예인을 모방
하지요. 1930년대 청소년이 남인수를 모방하는 것은 괜찮고
1990년대 청소년들이 서태지와아이들을 모방하는 것은 나
쁘다고 볼 아무런 이유가 없는데도 이런 비판이 나오는 것
은 그냥 어른들이 보기에 낯설고 싫다는 표현일 뿐입니다.
 서태지와아이들과 듀스 등으로 시작된 이 시대 대중가요
계의 새로운 바람이 하필 댄스뮤직이고 힙합의 랩이었음은

시사하는 바가 큽니다. 댄스뮤직은 오로지 육체적인 이유만으로도 나이 든 세대와 함께 향유하기 가장 어려운 양식이지요. (글쎄요, 이 세대들이 얼마 안 있으면 50대가 되는데, 그때에도 이런 춤을 출 수 있을지는 꽤나 궁금합니다.) 또한 이 시기에 가장 화제가 되었던 랩은 기존의 선율 중심의 한국 대중가요의 특성으로부터 가장 과격하게 벗어난 노래입니다. 그 바탕에 깔린 테크노음악도 그렇고요.

그런 점에서 랩을 동반한 댄스뮤직은 기성세대의 취향을 크게 벗어난 것이었고 그만큼 세대 간 취향 갈등도 컸으리라는 것을 짐작할 수 있습니다. 바로 앞 시기인 1988년부터 유행한 발라드가 아름다운 선율과 화려한 화성을 주 특성으로 하고 있음으로써, 새로운 유행임에도 불구하고 여론으로부터 따가운 비판을 받지 않았던 것과는 매우 대조적입니다. 1992년 댄스뮤직의 시대가 열려 불과 두 해 전에 등단한 신승훈이 1990년대 중반부터는 신세대에서는 밀려난 가수로 취급받기에 이릅니다.

신 씨는 데뷔 이후 고집스러울 정도로 발라드만을 불러 왔다. 댄스뮤직이 대세를 잡았을 때나 펑크나 랩, 레게가 판을 칠 때도 그는 발라드에 모든 것을 걸다시피 했다. (중략)

그의 음악은 신세대 취향인 듯하면서도 청장년층으로부터 호응을 받아 팬층이 넓은 것이 특징이다.

— 스스로 신세대에 속한다고 봅니까, 아니면 '구세대의 막내'라고 생각합니까. "과도기 세대인 것 같습니다. 신세대의 감각과 사랑법도 이해하고 기성세대의 사회생활은 장난이 아니라 현실이라는 면도 이해합니다. 어떤 이는 저를 '마마보이'라고도 하지만 집안에서 생각하기 좋아하는 것을 제외하면 어렸을 때부터 '강한 아이'로 키워졌습니다."

— 신승훈·홍호표(대담), 「앨범 4연속 백만 장 판매 가수 신승훈 "애틋한 사랑이 나의 노래 '고향'"」, 『동아일보』 1994.12.4.

신승훈이 스스로 '중간'임을 인정하네요. 이는 따지고 보자면 신세대 가요의 주류 흐름과는 꽤 거리가 있다는 것을 인정한 말일 수도 있습니다. 이런 질문에 스스로 구세대라고 말할 가수가 얼마나 있을까요? 주현미나 태진아 같은 트로트 가수가 아니라면 말입니다. 특히 1994년은 이미 서태지와아이들이 「교실 이데아」 같은 꽤나 과격한 노래를 내놓고, 듀스는 물론 룰라 같은 후발 댄스뮤직 그룹들이 나와 전성기를 맞고 있을 때입니다. 꼭 댄스뮤직이라고 못 박기 힘든 김건모도 신승훈을 능가하는 음반 판매고를 기록합니다.

이런 흐름에서 볼 때 1990년대 중반 신승훈은 TV에 나오는 최신 가요 중에서 그나마 20대 후반이나 30대들도 좋아하는 노래를 부르는 유일한 가수일 수 있습니다. 그리고 그것은 선율과 화성이 화려하고 낯익은 정서가 넘치는 '발라드'란 양식 덕분입니다.

하지만 이 발라드가 최신 주류 경향으로 자리 잡은 것이 1988년이었고 신승훈 데뷔는 1990년이었음을 기억할 필요가 있습니다. 그때에는 이런 노래를 10대 청소년들이 가장 좋아했다는 거죠. 그러나 이 발라드는 당시 20-30대도 그리 배척하지 않는 노래였습니다. 하지만 1992년 서태지와 아이들로 시작되는 댄스뮤직의 새로운 바람은 다릅니다. 불과 갓 서른이 된 사람도 이들의 노래를 따라 부르기가 결코 쉽지 않았으니까요. 스스로 구세대라고는 생각해 본 적이 없는 이들이 랩댄스와 마주하면서 겪었을 충격은 충분히 짐작할 만합니다. "아, 내가 구세대구나!"라고 인정하며 신세대 노래들을 배우려 노력하는 사람은 그나마 다행이지만, "이게 뭐냐? 이것도 노래냐?"라고 취향적 반발을 했을 사람들이 훨씬 많았을 겁니다.

한편 댄스뮤직만큼은 아니지만 언더그라운드 역시 구세대들의 취향에서 멀어졌습니다. 이 시대의 언더그라운드는 음악적으로 다양하여 한마디로 얘기하기는 쉽지 않지요. 포크 세대 취향도 만족시키는 김광석 등도 활발히 활동하던 시기였으니까요. 하지만 새롭게 등장한 언더그라운드들은 1990년대 댄스뮤직이 1980년대와 절연했던 것만큼 파격적인 변화를 분명히 보여 줍니다. 특히 이른바 '얼터너티브 록'이라는 이름 아래 관행적 사랑 타령을 벗어난 다소 비판적인 가사와 작가주의적인 작품세계를 보이는 경향으로 급격하게 변화한 것은(1993년에 발간된 임진모의 책『팝 리얼리즘 팝 아티스트』, 서동진의『록 젊음의 반란』 등은 이러한 흐름을 견인한 중요한 책이지요) 기성세대가 만들어 놓은 이전 시대의 경향과의 일정한 단절을 보여 주는 지점입니다. 다시 도래한 세대 간 취향 갈등의 시대는 이렇게 화려하게 개화하고 있었습니다.

# 13장
# 반전, 저항,
# 그리고 …

## 역사가 똑같이 반복되는 건 아니다

이렇게 1990년대 초는 20여 년 만에 다시 세대 간 취향 갈등이 격화된 시기였습니다. 그리고 이를 주도한 것은 1960년대 말과 1970년대에 태어난 아이들이었습니다. 이제 이런 계산은 쉽게 되지요? 말하자면 이들은 1960년대부터 시작된 산업화시대, 도시화 시대의 성과가 어느 정도 이루어진 후에 태어난 아이들입니다. 태어나서 살아 본 집의 태반이 아파트이고, 어릴 적부터 컬러텔레비전을 보며 문자보다 이미지가 더 친근하며, 마이클잭슨 춤을 따라 하며 어린 시절을 보낸 아이들입니다. 교복 자율화 시대를 경험했고, 대학생 데모가 감격스럽기보다는 좀 지겨운 아이들이었지요.

이들이 1990년대 초의 격변 속에서 문화적으로 자기 모습을 드러낸 것이 신세대 문화였습니다. 산업화·도시화가 거의 마무리되고, 30년간 지속한 군부정권도 끝나 가고, 그와 함께 '군부독재 물러가라'를 외쳤던 민주화운동 시대도 끝나 가던 시대였습니다. 하필 이때 소련이 붕괴하고 세계 질서가 출렁거렸습니다. 가뜩이나 이전 세대보다는 집단과 공동체 경험이 적은 상태에서 성장한 이 아이들은 부모인 산업화 세대와 형·누나인 민주화운동 세대 모두를 비판하며 자기 모습을 보여 주게 되는 것이지요.

이제 이 책을 거의 다 읽으셨으니 역사가 돌고 돈다는 생각을 새삼 하시게 되지요? 그러나 매 시기가 꼭 똑같지만은 않습니다. 1930년대에 트로트가 청소년들의 노래로 부상할 때는 기성세대가 불만스러워하기는 했겠지만, 사실 그 갈등이 대중문화 영역에서 격하게 부상한 것은 아니었습니다. 왜냐하면 그 시대 기성세대들의 태반은 이른바 '대중가요'란 문화 자체가 낯설었기 때문일 겁니다. 대중매체에 접할 수 있어야만 대중가요를 만날 수 있고, 그래야 불만이든 만족감이든 표할 수 있지요. 그러나 당시 축음기나 라디오 같은 대중매체를 접하는 것은 도시 부근에 있는 사람들만 가능한 일이었지요.

그에 비해 1970년대는 양상이 달라집니다. 1960년대를 지나며 라디오 등의 대중매체의 보급이 급격히 늘어났습니다. 1970년대의 30-40대들은 전래의 민요가 아니라 이미 대중가요의 수용자로 들어와 있는 사람들이었습니다. 그러니 트로트를 좋아하는 중장년과 포크를 좋아하는 청소년들은 대중문화계의 영역 안에서 격하게 충돌하게 되었던 겁니다.

1990년대 초의 세대 간 취향 갈등도 당연히 대중문화계 영역 안에서 격하게 그 모습을 보여 줍니다. 그런데 이번에는 또 다른 현상이 나타납니다. 1990년대 초의 신세대 대중가요의 영향력과 진보성이 1970년대의 포크를 능가했고, 다른 한편 1970-80년대의 민주화운동의 시대를 경험하면서 사회 전체가 유연해져서 생기는 현상이라 할 수 있습니다.


## "피가 모자라" 후덜덜…

아무리 1990년대가 1970년대처럼 경직된 시대는 아니라 할지라도 이렇게 구세대들의 취향과 격하게 불화하면 '화'가 미치기 마련입니다. 1993년부터 서태지와아이들을 비롯한 댄스뮤직 그룹들은 복장이나 머리 모양이 빌미가 되어 간헐적으로 방송 출연 금지를 받습니다. 2집을 내면서 감행했던 '레게머리'를 TV에서는 포기해야 했습니다. 이 역시 아주 익숙한 풍경이지요.

그런데 1990년대에는 이런 대중매체 규제 현상을 넘어서는 새로운 모습들이 나타납니다. 기성세대의 우려와 불안감이 커지면서 이 영향을 받는 청소년들에게까지 불안과 두려움을 감염시키고, 그럼으로써 여태껏 보지 못한 희한한 일도 겪게 됩니다.


최근 청소년 사이에 일고 있는 「교실 이데아」 거꾸로 듣기 바람은 교실과 하이텔 등 컴퓨터 통신망을 통해 급격히 확산됐다는 점이 특이하다. 국내 정상의 인기 그룹 서태지와아이들의 제3집에 실린 이 노래를 거꾸로 들으면 '피' 또는 '사탄'에 관한 말들의 나온다는 소문의 진원지는 아직까지 확실치 않다. (중략)
논쟁은 이런 소리가 서태지와 아이들이 의도적으로 만든 것이냐, 우연이냐를 놓고 벌어지고 있다. '의도적으로 만들었다'고 공개적으로 주장하는 이는 나타나지 않았지만, 이들을 '악마주의 음악'이란 혐의로 미국 사친회나 종교단체들의 비판을 받은 서양 대중음악 계보와 연결시키는 발언이 컴퓨터 통신 등을 통해 중계되기도 했다. 외국의 경우 '악마주의'를 공공연히 표방하는 그룹도 없지는 않았다. 이런 '서태지 사탄설'은 또 '중세의 마녀사냥과 같은 집단 히스테리'라고 강력한 반박을 불러일으켰다. 여론의 관심을 환기시키기 위해 서태지 쪽에서 문제를 던진 것은 아니냐는 추측을 하는 쪽도 없지 않다. 서태지와아이들 쪽은 이러한 추측에 반발하고 있다. 서태지 씨는 "의도적으로 문제되는 내용을 집어넣은 사실은 없다. '사탄'이라는 소리를 듣는 것도 개인적으로 석연치 않은 일이다. 상업적으로 장난할 사안도 아니다"라고 주장했다. 또 "그렇게 듣겠다는 의도 없이 들으면 문제의 가사가 식별되지 않는다"고 덧붙였다. 대중음악 관계자들은 이번 문제를 '일과성 화제' 정도로 평가하면서도 정서적으로 민감한 청소년들이 볼모가 되는 일이 없어야 한다고 경고하고 있다.

— 안정숙(기자), 「《교실 이데아》 파문 '알 수 없어요'」, 『한겨레신문』 1994.11.4.

'악마 소동'이 하필 1994년 3집 음반이었고, 그 노래가 「교실 이데아」(서태지 작사·작곡)였다는 것은 의미심장합니다. 서태지와아이들의 1집과 2집에는 서태지 특유의 자아탐구와 관련된 노래가 들어 있기는 합니다만 「난 알아요」, 「하여가」 같은 사랑 소재의 노래가 전면에 배치되어 있습니다. 남녀 간의 사랑이라는 사적인 이야기에만 묶여 있는 대중가요의 보수적 관행에서 크게 벗어나지 않은 경향이지요.

그런데 1994년의 3집은 다릅니다. 3집의 간판 작품은 「발해를 꿈꾸며」(이상 서태지와아이들의 노래는 모두 서태지 작사·작곡)와 「교실 이데아」였습니다. 「발해를 꿈꾸며」는 통일의 염원을 소재로 삼았지만, 반공을 두드러지게 강조하지 않았다는 점에서 텔레비전의 톱 가수, 그것도 청소년 대상의 댄스뮤직 가수의 노래로서는 독특합니다.(그렇다고 '종북'적 색채가 있는 것도 아닙니다.) 「교실 이데아」는 제도교육의 폭압적 획일성을 직설적으로 비판하고 심지어 청소년들에게 '바꾸라'고 주문합니다.

이 노래는 많은 청소년에게 '사이다 발언'으로 받아들여졌을 수 있습니다. 하지만 다른 한편으로는 청소년들도 아무리 입시 위주의 교육이 문제가 많다는 것을 다 알고 있지만 그래도 이를 현실적으로 포기하기 쉽지 않다는 것을 다 알고 있습니다. 어차피 이 세상이 대학 학벌 위주로 돌아가고 있고, 무엇보다도 부모들이 제도교육 바깥으로 자녀들이 튀어나오는 것을 결코 바라지 않는다는 것을 알기 때문입니다. 서태지의 노래대로(그리고 공업고등학교 중퇴인 그의 삶처럼) 그 교육체계 바깥으로 튀어나오려면 부모에게 맞아 죽을 수도 있다고 생각했을 겁니다. 즉 서태지와아이들의 「교실 이데아」는 충분히 공감하는 노래이지만 좀 무서운 노래일 수도 있는 것이지요.

이런 집단적 공포심이 악마 소동의 원인일 수 있습니다. 마치 학교라는 폭압적 공간이 주는 불안과 공포가 '귀신 나오는 학교'라는 전설을 만들어 내는 집단 심리인 것처럼 말입니다. 즉「교실 이데아」는 한국대중가요사상 가장 파격적이고 높은 수위의 사회비판적 내용을 담은 것이었습니다. 그것은 단순한 취향 갈등의 수준을 넘어서는 신념과 세계관의 갈등까지 야기할 수 있는 것이었고 심지어 이에 공감하고 동의하는 청소년들조차 불안하게 만들 지경에 이른 것입니다. 이는 1930년대는 물론 1970년대에도 나타나지 않은 현상이었고 그만큼 1990년대 신세대 대중가요의 파격성의 수위가 높았다는 것을 의미합니다.

## 순응하기를 거부하는 젊은이들

1970년대와의 차이는 또 있습니다. 앞서 록카페의 비판적 여론과 통념에 대한 대학생들의 반론을 소개해 드렸습니다만, 1990년대 신세대 가요와 신세대 문화에 대한 담론은 꽤나 논쟁적이었습니다. 비판적 여론이야 늘 있는 것이지만, 대중예술인들이 스스로 그에 대한 반론을 제기하기도

하고, 꽤 많은 지식인이 신세대 담론에 가세하여 논의의 방향을 바꾸어 놓기도 했습니다. 먼저 1970년대에도 벌어졌던 복장과 패션 논란에 대한 기사를 살펴보죠.

활동을 중단한 지 6개월 만에 새 앨범을 내고 방송출연을 재개한 댄스그룹 '서태지와아이들'이 26일 KBS 2TV의 《토요대행진》에 출연키로 했으나 KBS의 공영방송다운 오락 프로그램의 제작방침에 따라 출연이 취소됐다. 서태지 이주노 양현석 등 세 사람은 2집 앨범 『하여가』를 낸 뒤 지난 19일 MBCTV 《특종 TV연예》에 출연하는 것을 시작으로 활동을 재개했으나 그들의 새 머리모양과 의상 등이 문제가 돼 출연이 취소된 것. 이들은 새로 발표한 레게랩 계열의 노래에 맞춰 흑인 랩그룹과 같이 머리를 라면처럼 꼬은 레게퍼머와 할렘가 흑인들의 의상을 연상케 하는 허름한 옷차림으로 새롭게 선보였다. KBS TV2국 연예오락담당인 이영락 부장에 따르면 이들의 매니저인 최진열 씨에게 "청소년들에게 미치는 영향을 고려하여 머리를 풀고 단정한 옷차림으로 출연해 달라"고 요구했으나 서태지 측과의 절충과정에서 의견차를 좁히지 못해 결국 출연불가 결정을 내렸다는 것. 이와 관련 홍두표 KBS 사장은 24일 오후 기자간담회에서 "KBS는 앞으로 모든 연예오락 프로그램을 시청률과 관계없이 공영방송의 정신이 깃든 건전한 방향으로 제작키로 했다"고 밝혔다. 따라서 ▲귀고리를 했거나 장발을 한 남자연예인 ▲찢어진 청바지나 단정하지 못한 옷차림 ▲왜색풍이나 히피족 차림을 한 연예인과 사생활이 문란한 연예인들은 KBS 채널에 등장하지 못할 것이라고 말했다. (중략)

한편 KBS의 출연이 무산된 서태지는 "팬들에게 뭔가 새로운 것을 보여 주려는 의욕 때문에 이 같은 물의를 빚게 됐다'고 말하고 24일 밤 머리를 원상태로 풀고 의상 역시 수수한 차림으로 바꿨으며 일명 '힙합춤'도 요란하지 않은 춤으로 대체하겠다고 밝혔다.

— 오광수(기자), 「KBS "히피·왜색풍 연예인 출연 족쇄" '서태지…' 컴백무대 취소」, 『경향신문』 1993.6.26.

이 기사를 보면 기획사의 나이 든 매니저에 의존하지 않고 20대 초반의 서태지가 대부분의 결정을 하는 이 그룹이 감히 방송사와 힘겨루기를 한 것으로 읽힙니다. 머리모양과 의상을 바꾸라는 KBS의 요구에 순순히 응하지 않고 출연을 포기한 것이지요. 그런데 KBS도 워낙 강경한 입장을 보였던 모양입니다. TV를 완전히 포기할 수 없는 서태지와아이들은 얼마 후에는 이러한 방송사의 요구를 받아들이게 됩니다. 그런데 좀 다른 선택을 하는 가수들도 생겨났습니다.

최근 방송사에서 일고 있는 정화바람이 일부 개성파 가수들에게 적지 않은 파문을 불러일으키고 있다. 범사회적 도덕성 회복 운동이 방송가로 밀어닥치면서 방송 3사가 시청자들에게 혐오감을 주고 청소년들에게 악영향을 미칠 수 있는 출연자들의 머리 모양, 복장, 액세서리 등을 규제키로 한 것. 규제 대상은 삭발 남녀 연예인, 남성의 치마 패션, 장발·귀고리를 착용한 남성, 배꼽티 등 노출이 심한 의상 등이다. 이에 따라 그룹 '더 쿨'의 유채영, 서태지와 아이들의 이주노, 마훈 등 삭발 가수들은 방송 출연 때 반드시 모자나 가발을 쓰기로 했다. 또 장발 가수들의 헤어스타일 변화도 불가피하게 됐다. 유영진은 머리를 짧게 잘랐으며 신성우, 김종서 등은 머리를 단정히 묶고 출연하고 있다. 이때 뒤로 묶은 꽁지머리 역시 카메라 연출로 TV 화면에는 보이지 않도록 했다. (중략)

TV 시청자 모니터 모임, 청소년단체 등은 "연예인들의 외모를 강력히 규제함으로써 가치관이 정립되지 않은 10대 청소년들에게 좋지 않은 영향을 끼칠 수 있는 소재를 없앤다"는 측면에서 환영의 뜻을 나타냈다. 한국여성단체협의회 매스컴모니터회 전상근 회장은 "최근 들어 일부 가수들의 삭발 머리, 배꼽티 등이 여과 없이 방송돼 중고생 자녀를 둔 부모들의 우려하는 목소리가 높았다"며 흐지부지되는 일없이 지속적인 규제를 바란다고 말했다. 그러나 일부 연예인들과 신세대 시청자들로부터 '방송사의 즉흥적인 독단'이라는 비난도 제기되고 있다. 긴 머리 가수 강산에는 방송출연을 위해 반드시 머리를 손질해야 한다면 앞으로 TV 출연을 거부하겠다고 선언했다. 가수의 역할이나 능력과 아무 관계없는 머리 길이를 출연조건으로 삼는 것은 대중예술의 특수성을 인정하지 않는 전근대적인 발상이라는 게 그의 주장이다. 시청자 김선민 씨(19. ○대학 1년)는 "얼마 전까지만 해도 삭발 헤어스타일이나 치마 패션을 신세대풍 패션 감각이라고 떠들어 대던 매스컴이 일시에 입을 모아 '비정상적인 외모' 운운하는 게 이해가 안 된다"고 말했다.

— 박신연(기자), 「삭발·꽁지머리 가수들 배꼽티·남성치마 TV서 사라진다」, 『경향신문』 1994.10.14.

춤 때문에 TV 출연의 중요도가 높은 서태지와아이들은 물론, TV 의존도가 그리 높지 않은 가수 중에서도 유영진, 신성우, 김종서는 긴 머리를 어떤 식으로든 단속하고 나오는 방식을 선택했습니다. 그런데 강산에는 다른 선택을 했다는 겁니다. 머리를 자르느니 아예 출연하지 않겠다고 당당하게 밝힌 것이지요. 게다가 왜 이런 결정을 하는지에 대한 자신의 입장까지 분명히 밝힙니다.

한 가지 더 주목할 만한 것은 이런 사안에 대한 신문의 보도 태도입니다. 대개 이런 사안에 대해서는 통상 보수적인 태도를 취해왔던 일간지가 이번에는 가수 강산에의 출연 거부 선언을 당당하게 보도하고, 대학생 시청자의 입을 빌려 방송사의 제재가 비상식적임을 은근히 내비치고 있는 겁니다.

## 저항하고 전복하는 신세대

이런 변화는 신세대에 대한 담론이 이전의 청년문화에 비해 훨씬 더 다양해진 현상과 함께 이 시대가 성취한 진전된 면모입니다. '압구정동 오렌지족'이나 즉석 부킹에만 관심을 둔 '록카페' 운운하던 것에서 출발한 1990년대 신세대 담론은, 20대 후반의 송재희·안태윤·이성호·이영일·주상우가 '미메시스'란 그룹 이름으로 공동집필한 도발적인 책 『신세대: 네 멋대로 해라』(현실문화연구, 1993)와 다양한 세대의 집필자들(국승표, 권용남, 김형곤, 문상현, 서동진, 안영로, 용호성, 이정재, 조경진, 최선정, 홍종윤, 황동일, 외대진보시대개척단)이 신세대에 대한 글을 모은 『신세대론: 혼돈과 질서』(현실문화연구, 1994)을 계기로 방향이 바뀝니다.

미메시스 필진들은 신세대를 철없는 아이들로 규정하는 관행에 반대한다. 이는 신세대의 사회적인 파워와 감성적인 열정을 적극적으로 옹호하기 때문이다. 새로운 세대는 기존의 질서가 부여해 온 억압에 대하여 참을 수 없는 분노를 표현하고 있다. 혹자는 신세대가 개인적인 자유만을 추구한다고 이야기한다. 혹자는 기성세대와 신세대에 대한 양비론을 주장하면서 세대간의 갈등에 완충역할을 수행하기도 한다. 그러나 90년대의 신세대는 최고의 전문가적 기질을 발휘하며 자신들의 세계를 구축하고 있다. 결코 만만히 대하거나 무시할 수 없는 사고와 행동을 추구한다. 따라서 우리들의 글은 결단코 계몽주의자들처럼 '교육적'인 태도를 취하지 않는다. 우리는 우리를 아직도 철없는 어린애로 바라보며 우리를 우습게 보는 구세대에게 우리의 생각이 얼마나 포괄적이고, 근본적이고 무시할 수 없는 능력을 갖고 있는지를 똑똑히 보여 줄 생각이다.

— 미메시스, 「서론: 전복을 향하여」, 『신세대: 네 멋대로 해라』, 현실문화연구, 1993, 15쪽.

도발적이기 이를 데 없는 선언을 서론으로 제시하며 시작한 이 책은 뒤로 갈수록 점입가경입니다. 이 필진들이 '압구정동 오렌지족'의 전형적인 인물들이라고 보기는 힘듭니다. 책을 읽다 보면 얼마 되지 않아 이들이 1980년대 학생운동의 경험을 가진 20대 후반쯤의 고학력자임을 감지하게 되지요. 하지만 주목할 것은 위의 글에서 밝힌 대로 '교육적'인 태도가 아닌 저항과 선언의 어투로 신세대 담론을 새로운 방향으로 개척하고 있다는 겁니다.

이들은 자신들의 부모 세대와는 물론, 금방 지나온 1970-80년대 민주화운동 세대의 사고방식과 태도와도 대립각을 세웁니다. 즉 20년간 지속하여 온 민주화운동 시대의 맨 끄트머리를 체험하면서 고착된 문화와 사고방식이 적잖이 불편했던 20대 중후반들이, 민주화운동의 시대가 무너지자마자 거기에 과감히 반기를 들면서 신세대들의 대변자로 나서게 된 셈입니다. 이는 비단 이 책에서만 나타나는 것은 아니라 새로운 신세대 담론의 보편적 현상이라 할 수 있습니다.

이전의 젊은이문화와 지금의 '신세대'를 다르게 하는 차이점을 더 구체적으로 살펴보자. 그 핵심은 젊은이들의 정치문화가 변화한 점에 있다. 그들이 성장기에 목도한 우리 사회의 역동적인 정치적 변화는 이들이 점차 문화적으로 다원주의적인 가치를 공유해 나갈 수 있게 하였고, 자연스럽게 탈획일주의라는 문화적 감각을 체득하게 하였다. (중략) 80년대에 정치적 투쟁에 집중되어 있던 젊은이문화의 에너지는 90년대로 오면서 좌절 어린 진공을 맞자, 혼란과 위기 속에서 새로운 습성을 읽히는 쪽으로 터져 나오고 있다. 말하자면 큰 '상징'을 잡아 동일시를 하다가 이것이 깨지자 각각이 '자아'를 찾아 정치성을 만들어 가려는 상태에 있는 것이다.

— 안영로, 「신세대: 그들의 정치경제」, 국승표 외, 『신세대론: 혼돈과 질서』, 현실문화연구, 1994, 101—103쪽.

안영로는 이 글의 다른 부분에서 우리 사회의 권위주의를 지적하며 획일주의, 습관적으로 위를 따르는 타율적인 시민문화, 억압적 조직문화, 획일주의 등이 신세대에 대한 여론 재판을 해 버렸다고 지적합니다. 차분하면서도 다소 까칠한 분석적 태도로 설명하는 안영로와 다소 과장된 어투로 독자를 자극하는 미메시스 필진들이 꽤나 다르지만, 모두 기존의 구세대 중심의 상투적 신세대 비판을 뒤집고 있는 것에서는 동일합니다.

1990년대 신세대가 지니는 특성들이 한국 사회의 발전과정의 산물이며 구세대에 비해 장점으로 인정받을 만하다는 것을 주장합니다. 이것을 억압했던 것이 여태까지의 신세대 담론이었다면, 이 담론을 뒤집고 더 나아가 구세대가 만들어 낸 기성의 문화와 사회 관행을 변화시키는 것이 필요하다고 주장하는 겁니다. 이후 신세대 담론은 탈권위, 저항, 창의성, 개성, 다양성, 개방성 등 긍정적 가치가 중심을 차지하는 방향으로 바뀌게 됩니다. 이런 적극적인 신세대 담론은 1970년대 청년문화에 대한 옹호적 태도의 담론들과는 비할 바 없습니다.

추측하건대, 이런 신세대 담론의 변화야말로 서태지와아이들을 비롯한 대중가요의 작품을 좀 더 진보적이고 도발적으로 변화하도록 만든 동력일 수 있습니다. 방송 출연이 생계와 밀접한 관련이 있는 연예인이 위험 수위의 도발적 작품을 내놓을 수 있는 것은, 무언가 바람을 타고 있었기 때문이지요. 서태지와아이들이 1, 2집에서는 보여 주지 않았던 「교실 이데아」, 「발해를 꿈꾸며」, 「시대유감」 같은 사회 비판적 작품을 3, 4집(1994, 1995년 출반)에서 발표한 것은 이러한 신세대 담론의 전향적 변화에 힘입고 있는 것이 분명합니다. 1970년대 포크송이 대중성 확보에서 1974년 즈음에 일단 큰 성공을 거두었다면, 1990년대 신세대 가요는 대중성뿐 아니라 담론 영역에서도 성공과 승리를 거두었다고 할 수 있죠.

## 그래도 역사는…

물론 이 현상이 오래가지는 않았습니다. 1970년대 청년 문화를 둘러싼 세대 간 갈등은 1975년 정치권력이 주도한 대마초사건으로 일단락 지어졌는데, 1990년대 신세대 문화를 둘러싼 세대 간 갈등은 1996년 초 서태지와아이들의 이른바 '은퇴'(사실상 해체)를 계기로 일단락되었습니다.

그리고 대마초사건이 벌어진 이후인 1970년대 후반 속류화·통속화된 포크가 난무하고 록은 트로트와 적극적으로 손잡았듯이, 서태지와아이들이 해체된 1996년 이후에는 적어도 텔레비전 대중가요 영역에서는 기획상품으로 댄스뮤직 그룹의 시대가 열립니다. 이렇게 구세대 눈에 덜 거슬리는 건전·명랑한 댄스뮤직으로 경향이 바뀌게 됩니다. HOT와 젝스키스로 대표되는 기획사 아이돌그룹의 시대가 열리게 되는 것이죠.

여기에 불만을 가진 언더그라운드는 더욱 진보적 색깔을 강화하여 이른바 상업적 음반과 방송으로부터 독립한 인디(독립)뮤직 영역까지 개척하게 됩니다. 하지만 이 기세도 1997년 말 외환위기를 계기로 현격하게 꺾이지요. 그런데도 1990년대 대중가요에서 세대 간 취향 갈등이 이전에는 찾아볼 수 없을 정도로 엎치락뒤치락하며 나타났다는 점은 주목할 만합니다. 담론의 수준도 결코 낮지 않았고, 담론과 실천의 상호영향도 활발했으니까요. 역사는 반복되지만, 그저 단순한 반복이 아니라는 것이 그래도 희망을 갖게 합니다.

# 14장
# 에필로그:
# 갈등의 시대는 언제 또 다시 오려나?

## 역사 공부의 중요성

이제 제 이야기는 거의 끝났습니다. 물론 1990년대 초중반까지 이야기한 것이니, 현재 2010년대 후반까지 무려 20년 가까이 남긴 했습니다. 하지만 이 책의 목표는 세대 간의 취향 갈등이 몇십 년의 간격을 두고 격화되고 완화되기를 반복한다는 것을 말씀드리고 싶었던 것이라 대강 목표는 달성한 것이라 할 수 있겠지요. 적어도 처음부터 책을 다 읽으신 독자들이라면 "요즘 애들 노래도 노래냐?"라고 말씀하시진 않을 겁니다.

한 인간이 대중가요에 많은 관심을 가지는 시기는 불과 30-40년 정도에 불과하니, 이런 역사의 반복을 생각하면서 자신이 겪는 경험을 객관화하고 성찰하기는 힘듭니다. 이럴 때 역사 공부가 필요한 것이지요.

## 다시 세대 화합의 시대로

일단 최근 20년 정도의 변화를 간략히 정리해 볼 필요가 있겠습니다. 1990년대 초중반에 격화되었던 세대 간 취향 갈등은 1990년대 말에 크게 줄어듭니다. 1997년 말의 외환 위기로 인한 경제침체 때문이지요. 경제가 갑자기 나빠지자 대중들은 기존의 익숙했던 문화를 타파하고 새로운 것을 받아들이려는 마음의 여유를 유지하기 힘들어집니다. 특히 대중문화 영역에서 그렇습니다.

먹고살기가 힘들어지니 마음이 불안해지고, 고통스러워지고, 이런 불안과 고통을 예술문화 영역에서 위로받고 싶어 하기 때문입니다. 먹고사는 데에 신경이 곤두서 있는데 '구세대의 문화 타파' 같은 전향적인 변화를 꾀할 여유가 없는 거죠. 그러니 그냥 익숙한 것에 기대게 됩니다. 청소년들을 이해해 보고자 노력하며 낯설고 불편한 신세대 문화를 받아들이려 노력했던 구세대들은 여유를 잃으면서 마음의 문이 닫히고, 신세대는 이런 세상의 변화에 스스로 움츠

러들게 됩니다.

1998년 가요계의 변화가 그랬습니다. 드라마 《응답하라 1997》의 한 장면을 기억하시나요? 당시 부산의 여고생이던 주인공이 연말 톱 가수를 뽑는 시상식 자리에 댄스뮤직 그룹 HOT를 응원하러 부산에서 서울까지 옵니다. 강력한 라이벌은 젝스키스였고요. 그래서 두 댄스뮤직 그룹의 팬클럽이 시상식장에서 온갖 신경전을 벌입니다. 그런데 정작 상을 받은 것은 김종환의 「사랑을 위하여」였습니다. 두 그룹의 팬클럽은 '멘붕'에 빠지고 정작 환호한 것은 이들의 엄마뻘 구세대였습니다. 드라마 속의 이 장면을 보면서 시청자들은 1997년 말 당시의 황당했던 경험을 다시 떠올리며 폭소를 터뜨렸지요.

그런데 왜 이런 일이 벌어졌을까요? 만약 1993년 즈음이었다면 「사랑을 위하여」는 인기 가요도 될 수 없었을 겁니다. 영원히 사랑하겠다는 '쌍팔년도식' 순정 타령이 먹힐 때가 아니었거든요. 1990년대 초중반은 공일오비의 「아주 오래된 연인들」부터 김건모의 「잘못된 만남」, DJ.DOC 「여름 이야기」에 이르기까지는 도발적이고 상큼한 내용을 지니고 있었습니다. 이것은 이전 노래에서 불렀던 변치 않는 영원한 사랑이라는 '순정 이데올로기'를 과감히 깨부순 것이죠.

그런데 경제가 나빠지고 나니 달라진 겁니다. 사람들은 다시 순정적 사랑에서 위로를 받고 싶어 합니다. 아직 신세대 청소년들까지는 아니었지만, 어른들은 벌써 마음이 돌아섰습니다. 급기야 1998년에는 청소년 취향의 순정적 사랑 이야기가 인기 1위로 올라섭니다. 다름 아닌 조성모의 발라드입니다. 댄스뮤직도 얌전해져서 GOD의 「어머님께」 같은 세대화합을 지향하는 노래가 인기를 끌지요.

외환위기의 충격이 좀 가신 2000년대 초가 되자 다시 댄스뮤직이 부활하긴 합니다. 그런데 좀 경향이 바뀌죠. 1990년대 댄스뮤직이 기성의 보수적 통념을 깨부수는 경향이 있었다면, 이후의 댄스뮤직들은 점점 기술적으로 능란하지만 통념에 기대는 경향으로 나아갔습니다. 여자가수는 예쁘게 섹시하고, 남자가수들은 떡 벌어진 가슴을 자랑합니다. 이른바 '꿀벅지', '말복근' 같은 민망한 말들이 튀어나오지요.

성적인 요소가 강하다는 점에서는 통념을 깨는 것처럼 보이지만, 그 섹시함이 남녀에 대한 통념을 벗어나지 않는다는 점에서는 보수적입니다. 음악도 아주 쉬워집니다. 1992년의 30대가 「난 알아요」를 따라 부르기는 그리 쉽지 않지만, 2008년의 30대가 「노바디」를 따라 부르기는 그리 어렵지 않습니다.

이런 2010년대 댄스뮤직은, 1990년대와 달리 30-40대 초의 장년들까지 즐깁니다. 이른바 '삼촌 팬', '이모 팬'이 드세지는 시대가 된 거죠. 이들은 나이로 보아 분명 구세대인데도, 2010년대 댄스뮤직은 그런 구세대들을 만족시킬 만한 구석이 있는 겁니다. 1990년대 초의 신세대 가요처럼 실험적이고 다소 황당해 보이는 시도를 했던 것과는 아주 다릅니다. 기획사에 의해 매끈하게 다듬어지고, 10대부터 30대까지 고루 좋아할 요소를 넣어 버무려 냅니다.

이런 노래들이 계속 나오자 사람들이 다소 지겹다고 느끼고 가창력 시비까지 불거집니다. 그러자 《나는 가수다》, 《불후의 명곡》 같은 프로그램을 통해 높은 가창력을 과시하면서, 다른 한편 아주 익숙한 구세대의 노래들을 리메이크하는 유행을 만듭니다. 노래의 기본 틀은 다 아는 익숙한 것인데 편곡을 완전히 달리해서 10대도 좋아하고 50대도 즐길 만한 세대를 뛰어넘는 감동을 노리는 거죠.

물론 싸이의 「강남 스타일」처럼 파격적인 노래가 인기를 끌 때도 있습니다. 하지만 그 파격 역시 10대와 40대까지의 넓은 공감을 얻는 데다가 빌보드 순위 상위권에 오르내리며 한국인 특유의 민족주의를 만족하게 해 줌으로써, 싸이의 공연장에 60대들이 구경 오는 현상이 벌어지기도 합니다. 어떤 식으로든 세대화합의 현상임이 분명합니다.


## 세대 갈등의 시대는 언제 다시?

2010년대의 주류 대중가요는 이렇게 세대화합적이고, 그래서 그다지 파격적이거나 실험적이라고는 보이지 않습니다. 물론 그것이 꼭 부정적인 측면만 있는 것은 아니지요. 1980년대가 그러했듯이, 2010년대의 한국 대중가요의 기술 수준은 놀랄 만큼 향상했습니다. 음악적 기량, 공연 연출은 물론이거니와 매니지먼트 기술까지 세계 수준입니다.

히트제조기라 할 수 있는 베테랑 기획자와 프로듀서들이 어린 가수들을 몇 년씩 합숙훈련을 시키고 경쟁을 통해 골라냅니다. 가창과 춤, 외모, 연기력, 외국어 실력까지 모두 갖춘 만능 연예인을 만들어 내는 거죠. 1990년대와는 비교도 할 수 없도록 높은 수준입니다. 생각해 보세요. 김동률이나 이적, 신해철 같은 가수가 요즘 가수가 되겠다고《K팝스타》,《슈퍼스타 K》같은 오디션프로그램에 나왔다면 분명히 떨어졌을 겁니다. 창작능력이 있고 개성도 강하지만, 이들의 가창력은 요즘 가수들처럼 매끈하지는 않지요. 아마 「새」를 부를 시절의 싸이나 「그것만이 내 세상」을 부를 시절의 전인권이 나와도 떨어질 겁니다. 이른바 세계를 주름 잡는 '케이팝 시대'는 바로 이런 높은 기술력에 의해 가능해진 것입니다.

바로 그래서 2010년대에는 전인권, 김동률, 이적, 신해철, 싸이가 나오기 힘든 겁니다. 이런 파격과 새로움을 허용하지 않는 시대이기 때문입니다. 참으로 아이러니하지요.

또 한 가지, 지금 케이팝 시대를 주도하고 있는 기획자의 면면을 보세요. 이들은 모두 기술력이 높던 시대에 성장한 사람들이 아닙니다. 파격과 창의력으로 기성세대들과 맞서서 자기 하고 싶은 짓을 실컷 하며 스스로를 성장시켰던 사람들입니다. SM의 이수만 회장은 1972년 포크 남성듀오 사월과오월의 멤버로 백순진과 호흡을 맞추며 노래를 시작했고, YG의 양현석과 JYP의 박진영은 신세대 가요의 시대인 1990년대 초중반에, 그것도 아주 파격적인 모습을 보여 주면서 성장한 사람들입니다.

1970년대 초반에 기성세대들에게 그토록 욕을 먹으며 포크가 성립되었던 창의력의 힘이 1980년대와 1990년대 초반까지 한국의 대중가요계를 먹여 살렸던 것과 흡사합니다. 그룹 들국화의 전인권과 최성원도 포크에서 출발했고, 1970년대 이정선과 엄인호의 힘이 1980년대에 한영애, 김현식 등을 아우르는 신촌블루스를 가능하게 했고, 이른바 '조동진 사단'은 1980년대 말의 장필순과 한동준, 박학기에 이르기까지 그 모습을 뚜렷이 보여 주고 있지요. 대마초사건으로 활동을 정지당했던 이장희는 신중현의 좌절로 길을 잃은 록 연주자들과 결합하여 사랑과평화의 인기곡들을 낳았습니다. 그리고 김현식의 데뷔에 지대한 영향을 주었으며, 심지어 1980년대 김완선에까지 그 영향을 주었습니다. 민중가요 동아리 언저리에서 김민기와 초기 포크들을 체험했던 김광석은 1990년대에 포크의 적자(嫡子)로 이제는 전설이 되었지요.

이렇게 따져 보자면 1990년대 초중반에 천둥벌거숭이들처럼 설쳤던 '젊은 애들'이 2010년대 한류의 중심인 케이팝을 이끄는 현상이 결코 우연이라 할 수 없습니다. 1980년대와 2010년대의 매끈한 음악이 결코 기술적 조탁을 게을리 해서는 나올 수 없지만, 다른 한편으로는 1970년대와 1990년대에 기성세대들의 핍박(!)을 받아가며 천둥벌거숭이 짓을 했던 이들의 창의력과 실험성이 없었다면 가능하지 않은 겁니다.

그래서 저는 한국 대중가요가 다시 한 번 도약하려면 어른들이 '저것도 노래냐?', '저것들 뭐 하는 것들이냐?'라고

화를 낼 만큼 파격적이고 이해가 안 되는 대중가요와 젊은 문화가 나타나야 한다고 생각합니다. 그래야만 그 이후로 20년 정도 한국 대중가요가 파먹고 살 먹거리와 에너지가 생겨나는 것이지요. 세대 화합의 시대에서 세대 갈등의 시대로 바뀌어야 합니다.

슬슬 바뀔 때가 됐는데 싶은데, 아직 잘 모르겠습니다. 물론 이런 변화가 그저 대중가요계나 예술문화계의 힘만으로 생겨나는 것은 아닙니다. 제가 이 책에서 줄곧 분석했듯이 젊은 세대, 청소년 세대가 기성세대들을 제치고 솟구쳐 오를 만한 사회적 계기가 생겨야 합니다. 그게 언제일까요? 저는 그리 멀지 않은 것 같습니다.